入门

圣严法师 著

華夏出版社
HUAXIA PUBLISHING HOUSE

图书在版编目（CIP）数据

入门 / 圣严法师著 . - 北京：华夏出版社，
2010.10
ISBN 978-7-5080-5983-9
Ⅰ . ①入… Ⅱ . ①圣… Ⅲ . ①禅宗 - 基本知识
Ⅳ . ① B946.5

中国版本图书馆 CIP 数据核字（2010）第 194949 号

责任编辑： 陈 默 罗 庆
图书策划： 安凤影 梅 子
出版发行： 华夏出版社
（北京市东直门外香河园北里 4 号 邮编：100028）
经 销： 新华书店
印 刷： 北京龙跃印务有限公司
装 订： 北京龙跃印务有限公司
版 次： 2017 年 7 月北京第 2 次印刷
开 本： 880×1230 1/32
印 张： 7.5
字 数： 76 千字
定 价： 25.00 元

序 言

李连杰

今生认识圣严法师，是十分值得感恩的善缘。有幸写这一篇序，是希望众生能够感受到法师的悲智愿行。

1982 年，拍完电影《少林寺》后，我对佛法产生了极大的兴趣。

1997 年，因为一些特殊因缘，我开始大量阅读佛教书籍，其中汉传佛教书籍，几乎都是圣严法师的著作。

2003 年，我有幸与圣严法师当面谈了许久，聆听师父种种教诲，之后还受邀参加他在美国举办的“默照禅”训练营。

那次训练是颇为奇妙的体验：头一次感受止语的宁静，晚上几十个人一起睡在地板上，白天也是一起吃饭、上厕所，很多酸甜苦辣。但十天下来，我对佛法更加充满信心。在师父的点拨下，我也更加清晰：要向内心深处寻找，佛性就在我们心中。

师父常常教诲，当今人人都在提环保，但除了外在环境，心灵也需要环保。科技时代，生活中充斥着大量信息，如果不做清理，身体也会出现很大障碍。师父的“心灵环保思想”，正是基于此而提出的。我也有幸参与了师父发起的“内在的环保”活动。

师父圆寂，我匆匆从巴西赶回。走进法鼓山，看到五万多人排队上山，共同唱念“阿弥陀佛颂”，那种庄严与肃穆，我一生难忘。

人生匆匆，我们只是过客，重要的是作为一个过客，该如何发出光来，照亮他人，利益他人，服务他人，照顾他人，唤醒他人心中的佛性与智慧。

我一心祈福着，有生之年尽我所能照亮众生；我一心祈福着，众生安康，离苦得乐；我一心祈福着，天下众生自在生活，寻找到生命中的慈悲与智慧。

一心祈福，法鼓长鸣。

李连杰

编者序

圣严法师教禅、讲禅、写禅，二十多年来足迹已广遍东西方世界各地，出版了二十册以上与禅相关的中英文著作，并陆续被翻译成意大利文、西班牙文、葡萄牙文、德文、波兰文、越南文、俄文等多种文字，接引无数人进入禅法的大门。如今说到要学习禅法，特别是中国禅宗，便不能不看圣严法师的禅修著作。

圣严法师在《禅钥》一书序文中自述：“我的宗旨，是将正统禅修的观念及禅修的方法，透过通俗易懂的文字，分享给有缘的现代大众。”因此，圣严法师讲授禅法，便能在深厚的修行基础、广博的学养背景下，贴近着现实人间的实际生活，介绍实用、易懂、健康，而且层次分明的禅修理论及方法，使得不同年龄、性别、职业层次、教育程度的社会大众，都能分享得到禅法的利益。

尤其是，初学程度浅者，读了不觉得深奥难懂；老参程度深者，反复读了愈见其滋味与内涵，足见圣严法师高妙之处。

圣严法师有关禅修的篇章，都是先于《人生》杂志或《法鼓》杂志刊载，然后交由法鼓文化（原东初出版社）集结于“禅修指引”系列出版，少数则散见于法师的其他著作之中。

不过由于是以时间先后的顺序集结，所以各篇之间，只有思想与目标的统一性，并没有篇与篇之间的连贯性；而且面对法师如此丰厚的著作，一般人则不免望书兴叹，不知如何下手。于是我们生起了重新编辑这套书的念头，除了整理脉络、分出次第、书本规格，并特别采用小开本，以利随身携带，随时参阅。

这套书的编辑，是依修学的阶梯分为七册：《入门》、《观念》、《法脉》、《公案·话头》、《默照》、《五停心·四念处》、《活用》。除了主要篇章外，配合单本主题亦选录有“实践指南”、“祖师箴言”，内容都是圣严法师对经典、祖师语录等的精彩诠释。书后并提供其他相关参考篇章之篇目，以及关键字检索，帮助读者顺利、迅速进入圣严法师原始的著作，达到旁征博引、互相参照的目的。

这套书虽然取名为“禅修精华集”，但是圣严法师著作篇篇精华，让我们难以取舍，勉强只能说是一套原著的导读。既为初入门者提供一个方便的路子，先得梗概的全貌；也让已入门者，能够温故知新，时时自我检验。

因此，这是一套精致实用的好书，是修行路上的指引，更是菩提道上的明灯，值得您永远珍藏。

法鼓文化编辑室　谨识

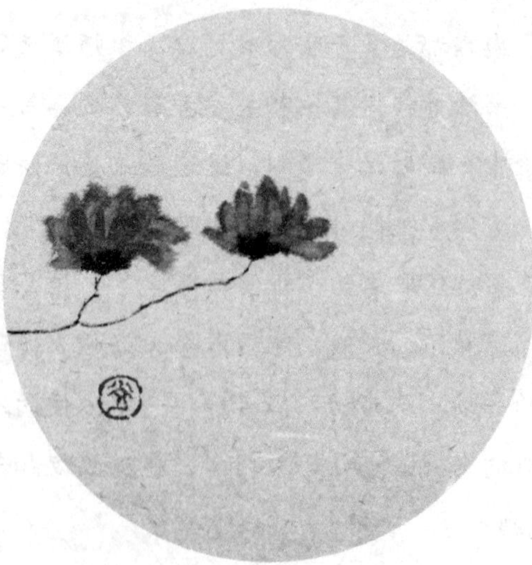

目录
contents

第三章 锻炼心

第四章 禅修的历程

第五章　禅的入门方法

第六章　禅坐的基础方法

第七章　禅修的要领

【实践指南】在家居士如何学佛

第一章 禅的本质

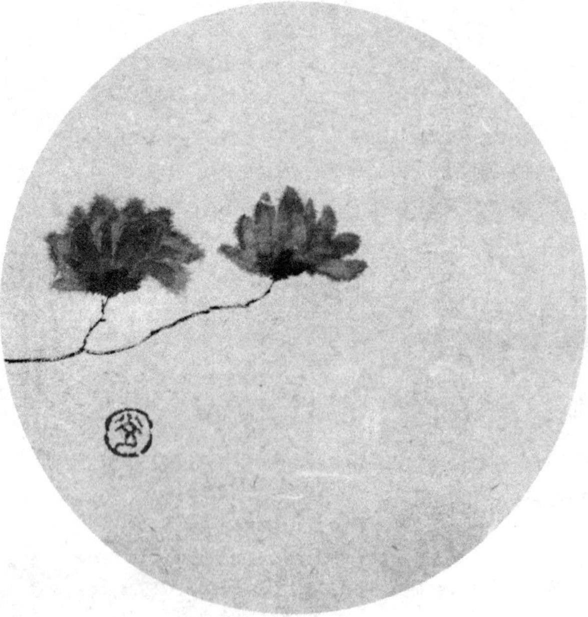

禅与禅定有层次上的不同，
中国人提到禅，往往联想到禅宗，
而中国禅宗所体证的禅与印度的禅定，
有层次上的不同。

以心传心，心心相印。

在开始讲这个题目之前，先澄清一个观念：禅是不能讲的，透过语言所表现出来的禅，已经不是禅的本身了。过去我无论教禅或打禅七，一定严厉诃骂学生的知见障，破斥学生从知识上获得有关禅的零星知解，而我现在又来讲禅，不是自相矛盾吗？请诸位务必了解一点，作为最初的方便引导，还是需要透过语言来讲解，因此，在不立文字的原则下，我们特别开了方便门，企图以语言来表达那不立文字的道理。今天我就分成九个小题，很简单地做个介绍。

禅与禅定

禅与禅定有层次上的不同，中国人提到禅，往往联想到禅宗，而中国禅宗所体证的禅与印度的禅定，有层次上的不同。中国禅宗的禅，是指破除无明烦恼之后的心地妙用，也就是智慧本身。智慧是无限的，它不能用任何语文，或任何形式来诠释，却能产生无穷的妙用；印度的禅那（dhyāna）是指禅定，中文义译为思惟修或静虑，意思是收摄散心，系于一境，不令动摇，进而达到三昧的境界。禅那是一种修定的功夫，三昧则是由修定而达到的一种功用了。

中国禅宗的禅与印度的禅定，虽然有层次上的不同，关系却非常密切。如果没有禅定的修持基础，无法达到中国禅所体证的悟境。虽然有少数人未经禅定的修持，而直接产生顿悟的现象，这种特殊例外，毕竟是千百年难得一遇。大多数人，必须要从禅定的功夫开始修持，有了基础以后，不要贪着禅定的寂静妙乐，进一步才能出离禅定，升入智慧的领域，这就是中国禅宗所谓禅的目的。所以中国禅不仅只是禅定，而是由禅定出离禅定，进入智慧的领域了。定境可以衡量高低深浅，智慧是无法衡量的圆满光明。我们要开发智慧的领域，需要有禅定的修持功夫，仅只是禅定的功夫，而不能摆脱禅定的享受，便无法进入智慧的领域，也不能称之为中国禅。

不管在中国或印度，对禅的表现有各种不同的风格，后代为了便于了解，必须加以分类，其中有：

二分法：世间禅和出世间禅。

三分法：凡夫禅、小乘禅、大乘禅。

五分法：凡夫禅、外道禅、小乘禅、大乘禅、最上乘禅。

这五分法，是华严五祖圭峰宗密的分类法，他和禅宗有着密切关系。另外还有两种分类：如来禅和祖师禅。两种都是指大乘禅而言，所以可分可不分，分了较容易了解。

我个人主张三种分类：世间禅、出世间禅、世出世间禅，以这三类归纳前面的几种分类，我觉得这三种分类较为完密。以下列一简表说明：

- 世间禅
  - 凡夫禅 ／ 外道禅
    - 凡夫—色界众生—生得
    - 外道—欲界—类众生—修得
- 出世间禅—小乘禅（偏重于定）
  - 先于欲界修次第禅观而得解脱
  - 生于色界五净居天，自然住于定中，进而修灭受想定脱离三界，证罗汉果。
- 世出世间禅
  - 大乘禅（如来禅）——八地菩萨至十地圆满佛果可证得，如首楞严大定，唯如来能证（定慧均等）
  - 最上乘禅（祖师禅）——一般凡夫、贤人、圣人皆可修得，尚未圆满佛果，未断尽无明（着重于慧）

世间禅包括凡夫禅和外道禅，凡夫禅是指修四禅八定，主要是四禅天中色界的禅定。生于色界天中得禅的人，是生来就得的，叫报得或生得，人类或某些异类众生，也可能修成四禅天的禅；外道禅是指欲界一类众生，修不共佛法的禅定，所以它不与佛法相应，而凡夫禅在佛法中可以算是一支。大致上在欲界的众生是修得的禅定，如果他死后禅定功夫还能保持住，就可以生到色界天去，继续修四禅天的禅定。

出世间禅（小乘禅）也可分修得和报得，证小乘三果的人，一期生命结束后，生到色界五种天中的五净居天，自然住于定中，继续修灭受想定，证了阿罗汉果位而解脱生死，永离三界，称之为出世间禅。一般凡夫在欲界天也能修出世间的禅定，只要能达到永远出离世间生死的境界，都是小乘禅。

世出世间禅包括大乘禅和最上乘禅，大乘禅是指如来禅，最上乘禅是指祖师禅。

大乘禅（如来禅）必须八地以上达无功用行的菩萨，直到十地圆满佛果，才能够证得。如首楞严大定的妙用，和华严海印三昧大定，不是一般凡夫可得，唯有如来能证，证了如来禅，便得大解脱、大自在，这是如来禅的特色。

最上乘禅（祖师禅）适宜一般凡夫、贤人、圣人修持，因为修祖师禅虽曾一度焕发出智慧的光辉，不像证如来禅，彻底破除无明烦恼，所以一般凡夫、贤、圣都可以修持而得妙用，这是中国祖师禅盛行的因素之一，也是祖师禅的特色。

出世间禅偏重于定，世出世间禅中的如来禅是定慧均等，而祖师禅则着重于智慧的开发。

禅与禅定的共同修持基础是止观，不管小乘禅或大乘禅都各有止观法门。

从修禅的过程和目的来讲，止观必须并用，最初收摄散心，系止于一境，但仅仅止于一境也不行，止的目的是要再起智慧观照，扩大心性，然后再止下来，再起观照，这样止了又观，观了又止，犹如攀登楼梯，往上爬一层，再停一停，往上爬是观，停下来是止，假如你停止不动，那你不能进步，必须止观并用，才能功夫日渐进步，而达到止观不二，这才是大乘禅的目的，至于祖师禅是不是止观不二？这个问题暂时保留。

凡夫定和小乘定虽然也修止观，严格说来，并没有彻底得解脱。凡夫定的最高境界，到达身心和宇宙合一，这是从小我到大我的境界；小乘定的最高境界，是从大我进入无我的阿罗汉果位；大乘禅和最上乘禅，是把无我的空执也破除掉了，进入无边无碍的智慧领域，所以不受束缚。小乘破除了小我和大我，叫做人无我；大乘破除了无我的空执，把无我这个观念也舍弃掉，叫法无我。

从对治的效果来讲，修止观在对治我们散乱和昏沉的毛病。我们初修禅定的人，普遍遇到的两大困难就是散乱和昏沉，首先面临的是心境的浮动散乱，再来是模糊昏沉，修观可以对治昏沉，修止对治散乱。对治散乱的方法有两种：一种是把散乱心收摄起来；如果散心无法收摄，就把它放掉，使它自然平静下来。这两种方法可以并用，也可以择一而用。当你渐渐克服了散乱心和昏沉心，便可以渐渐达到止观双运、定慧圆明的境界了。

禅的传承与创新

讲到禅的传承问题，必须先了解一点：禅不应该只限于“禅定”或“禅宗”，而是涵盖了佛与佛法的核心。因此禅的传承，不只是表面的仪式或方法的传授而已，这是心法的印证，心法是佛与佛法的核心。

传承的问题并不限于禅，传戒时戒体的接受也必须师师相传。当你受戒时，你从你的戒和尚得戒体，你的戒和尚又从他上一代的戒和尚处得，这样师师相承，历历分明，而且是着重在心法的传承。如果你受戒时，对戒和尚所说的话，没有一心领受，虽然仪规庄严，告诉你，你不能得戒体，必须你的心和戒和尚的心相契合了，才有感应，你才能得戒体。至于戒体是心法或色法的争论，今天暂时不谈。

密宗也很讲究传承，当你修瑜伽法门的时候，如没有接受上师的传法，你便无从修起，修了也可能出毛病。即使你从书本或经典得到有关修法的认识，你知道那些仪轨和步骤，没有上师的加持和指导，你也不能够修，即使修了也不会得力。

禅宗在法统的传承上，更重视师师相传，而且必须“以心传心，心心相印”。所谓“直指人心，明心见性”，都是从心法的传授上着眼，一定要由师父传给你，你再往下传。如果没有师父传给你，你无法得到。即使你自己摸索而获得法益上的体验，也必须参请高明的禅师勘验你的境界，经过师父确实勘验后加以印证了，才能证明你的体验没有偏离正法。所以禅宗史上，自晚唐以来，彼此立门户、争嫡裔，这是愚昧而无意义的，但在禅的修持和心法的印证上，必须严格讲究有无师承。

关于禅宗师承的问题，必须纠正所谓“传法”这个观念。一般人认为表面上衣钵的授与，或名义上法卷的安立就是“传法”，这是很大的误解。“衣钵表信”，《六祖坛经》说得很清楚，传法的根本精神所在，是以心传心，心心相传，不在于表面的形式，而在你是不是诚恳接受师父的指导去修行，当你修行有了成果，便获得师父印证，这叫“传法”。因此“传法”的意义建立在师徒之间方法的不断传授和境界的不断证明，而“传法”的因缘，也就直接灵活地表现于师徒的关系上。

师徒的关系，最初建立在方法的接受，这是较浅的智识性层面，任何人都有平等的机会接受方法的训练，但当你依法修行，达到某个境界，开发了智慧心地，由师父加以印证，在印证的当下，师徒心心相印，便真正达到心法的传承，这就超越了一切知识、思想、经验的范畴，同时也不是每一个人轻易能达到的成就。

从方法的传授，到依法修行，到获得师父印证，整个过程都是非常严格慎重的。做师父的人绝不稍假人情，所以佛法不卖人情，一定要你有了这个功夫，达到这个境界，师父才能答应说：的确！你已经进入这个程度了。

从师父对弟子的重要性来说，如果一个人没有师承或不经师父指导，只靠自修有了成就的话，可能进入了一个阶段以后，会自大、傲慢、以为了不起，自以为已经证了最高的境界，而不自知实际的程度如何。如果有师父随时指点你的错误，随时鞭策你上进，就可以避免停顿在不成熟的阶段自我陶醉了。因此在师父座下修行是非常安全的，你到了什么程度，师父会告诉你；你下一步该怎么走，师父会指点你；你的境界是不是超过了前一个阶段，师父会给你证明。师徒之间的关系，就是在这种不断的指导、不断的鞭策和不断的印证中日益密切，师父并不能给你什么东西，禅的本身是智慧，师父指点一个开拓智慧的方向，帮助你完成慧命，但你自己必须肯努力修行。

从弟子对师父的重要性来说，师父也需要有徒弟，师父如果没有弟子，或弟子没有修行，他的进步也很慢。如果师父座下有几位出格大器，或有一两个弟子非常勇猛精进修行的话，就会激励师父也加紧修行，也许他的境界并不高，由于弟子的激励，逼着自己也要上进，境界一天天地往上提升，如“水涨船高”，产生“教学相长”的效果。因此师徒之间在道业上的进步，也是互相影响、互为因果的。

师父没有高明的弟子，师父不会进步，高明的弟子能够帮助高明的师父，但高明的弟子，不一定出自明师之门。

禅的传承和创新，前者是法统的保守，后者是见地的开发，从法统的传承上讲，必须师师相传，树木不能无根，在禅的修证上，虽然有孤明自发的例子，独自奋斗毕竟是冒险的行径，即使你能独辟疆域，仍然必须由师父的帮助和印可。因此，创新必须有法统的传承做基础。

讲到这里，又牵涉到公案的问题。有很多人在讲公案、解释公案，或透过学术性的研究，加以考证、分类、归纳。事实上，公案不能从字面上去讲解。

从达到开悟的机缘这一层意义来讲，公案的案例只能活用一次，任何人援用已发生过的公案，想要达到同样的开悟效果，都不会成功，因此，当一个公案发生的时候，对那个产生公案的当事者是新的、活的、有用的，过后对任何第三者来说，这则公案已经是旧的、死的、没有用的，唯有在明眼的禅师心中，每一则公案都是活的，因为他们能明白公案的活泼机用，以及公案背后所蕴含的是什么内容。普通人还没有到这个境界，无法理解公案背后的内容是什么。仅从字面的意义上去揣测公案，或者似是而非地猜想其中的涵义，结果得到一些暧昧不清的概念，而不能全然领会公案的整个机趣的内容。因此，若不是开过智慧眼的人，无从理会公案，你或是站在禅的门外欣赏它，或是进入禅的修行领域，把它当做修持的方法来参，叫做“参公案”。

当你修行到了某一个阶段，师父会指点你该参哪一则公案，参了这个公案会帮助你进一步上升；

如果是一位不高明的师父，随便指给你一个公案，不能对机，你参了也不会有效果，有了明眼的师父指导你参公案，可能会产生新的公案出来，参旧公案产生新公案，公案可以不断发生，如果集众打禅七或对禅的精进修持能产生几则新的公案，就算成功了。

从禅的机用和方法来讲，是非常的活泼，没有一成不变的规则，而往往一般人教禅，只知道教禅的形式，怎么样打香板、跑香、打坐、生活起居等，这些都是禅的躯壳，不是禅的核心。最初祖师们创立禅宗，在方法上并没有立下一定的规则要人去固守，他在破除一切执着的原则下，能够大大地活用，能活能杀，活杀自在，这是发自心地妙用的一种活泼的创新。因此在同一个师门造就之下的许多弟子，成就后各有风格、各有机用、各有方法，而开创出各种不同的派别，这是创新的一面，形成中国禅宗史上所谓五家七宗的盛况。

内证和外证

前面反复强调过，禅无法用语言来表达，因为这是一种内证的体验。内证的体验无法用任何方式来展现，只有达到相同程度的人，彼此互相明白，也就是“唯佛与佛乃能相知”，因此内证必须以心印心，不能透过任何解释来证明。如果你要求一个有了内证体验的人拿出证据来，他不能把内证的体验质量化而变成具体的证据给你。即使他用种种方法想让你进入那个无限的领域，由于你心眼没有开，你也无法接受。必须你有了同等的内证工夫，你具备了勘验这种内证境界的能力，证据便是现成的了。

一个真正达到内证体验的人，他形诸于外的人格风范是谦冲淡泊、平易亲切的，绝不会自高自大，也不会自我标榜。凡是自称证了很高境界的人，都有问题，一个自赞为高明的禅师，那是他自己不知惭愧。因为禅的内证，无法用任何标准来衡量，禅本身就是无限的智慧，智慧能用长短、高低、大小、轻重来衡量吗？没有办法！在佛教浩瀚的经典中，无处不是智慧的结晶，但经典所描述的只是智慧的功用，它无法诠释智慧的全貌。我们前面说过，在修禅的过程中，有种种不同层次的境界，现在又说智慧无法衡量，是不是很矛盾？并没有矛盾，当你禅定的功夫深了，可能触机而灵光一闪，智慧的光芒在心头闪过，如电光石火，有些人慧光燃亮一下就熄了，有些人能保持一段较长的时间，有些人慧门豁然开启，烦恼全部脱落，这是少有的例子，很多是一闪而过的情形。慧光不断地焕发出来，到了烦恼全部脱落，便是智慧的无限圆满，这就无法衡量了。前面也讲过，一般凡夫或贤人、圣人修祖师禅容易得受用，原因在你努力修禅的时候，能够把心头的烦恼拨开一下子，而见到一点智慧的光，也就是禅宗祖师所谓的“见性”或“见自性”，应该说见智慧的光比较贴切，说“性”太抽象了。当你心中灵光一闪，智慧的火花爆开一下子，随即又让无明烦恼给闷住了。我们从凡夫地修行，不会因为开悟一次，马上把烦恼全部抖掉，就像心灵的花、智慧的花豁然开放，遇到外界的刺激，马上又合拢起来，比昙花一现还短促。这种短暂的内证体验，只要你诚恳接受明眼的师父指导，努力去修行，便能够达到。至于达到这个目的后，是不是就解脱生死？就成佛了？没有！智慧的光明当下一闪，你当下是佛，“即身成佛，立地成佛”在这个时候可以做到，但是烦恼再合拢起来的时候，你还是凡夫一个。

曾经开过智慧之窗的凡夫，比起心地一片无明的凡夫要高一层，至少他奠定了修行的基础和信心，他知道继续努力修行。有了这种短暂的内证体验做基础，你再修净土法门，效果会更好，所以，中国自宋以来，阐扬禅净双修，很有道理。我们初步修行，用禅的方法，把心头的烦恼拨开一下子，再一心念佛，容易达到一心不乱的境界，这时候你的信心非常坚定，一心念佛求生西方，非常稳当。所以诸位来听禅，我反而转过头来劝你们念佛。

我们（凡夫）毕竟还是凡夫，心灵的火花闪过一次，无明烦恼并没有彻底解除，不能保证以后不再犯错，一旦犯错误、造罪业，依然还要轮回生死、流转六道，实在不保险，所以有人认为学禅不可靠，事实上，学禅的显著效果在奠定你修行的信心，有了短暂的自内证，想要一下子完全得解脱并不容易。因此，又有人认为修禅达到某种程度后，可以乘愿再来，世世度众生，这个观念很正确，我们初步学佛就要发大心去度众生，但境界不够，很困难，要能够自在出入生死，必须初地以上的圣位菩萨才可以。普通初向道的人只有一个补救的办法，就是以你的广大愿力去推动你出入生死，生生世世努力修行和度众生。

内证的体验无法说明，说出来了便是假的，“说似一物即不中”，但是有了内证体验的人，或经过一番工夫切实修禅定的人，无论性格、气质、思想都会有很大转变，影响他整个宇宙观、世界观与生命观的重建。就我多年来主持禅七的经验，凡是怀着恳切殷勤的心来参加禅七的人，打完七后，就是一个洗心革面的新人，和初进禅堂的那个毛躁、浮动、刚强，或者寡默、孤僻、疑虑的人完全不同，变得温柔开朗、祥和稳重，待人处世更加亲切而有信心。这种明显的改变，他自己会觉察到，别人也会看得出，这是明显的外证，也就是证于内形于外的自然流露。一位有内证体验的禅师，表现出来的人格风范能够发挥言教与身教的感召力量。

有了禅的修持和体验的人，他的人格生命会落实下来，或许禅师在教诫弟子的时候，近似一种“狂”的态度，他为了破斥弟子心中的层层执着，不只诃佛骂祖，还会骂得你狗血淋头，只有他一个人高高在上，但是他在平常对待一般人，一定极其谦虚恳切。

外证是外在的人格表征，不是什么怪异的外表现象，所以不要联想到神通，学禅不是要你得神通，而是要你开智慧，如果你妄想有了内证的体验后，就会显现神通，而想利用神通去度众生，这是危险的想法。有了禅的内证体验，形于外的是你人格气质的表征，因此，在日本，有的企业家为了训练忠实沉着的干部，首先希望他接受禅的训练。日本有好几家公司，招收新员工时，先给他们几天的修禅训练。这种训练，不一定使他们开悟，但至少对他们的性格磨炼有帮助。

信心和疑情

我们都听说过："大疑大悟，小疑小悟，不疑不悟。"在参禅的过程中，内心产生大疑情、大疑团，才能得到大的开悟。没有疑情，你不能开悟，而诸位如果没有信心的话，你的疑情也产生不起来，没有信心，疑团打不开，没有信心，你根本谈不上参这个大疑团。

信和疑本来是对立的，但在参禅的过程中，信和疑并不冲突，这就要讲到"信"是信的什么，"疑"又是疑的什么。

信是信三宝、信自己、信指导你的禅师，在密宗就要信金刚上师。如果你不信，你参禅、修法都不会成功。不但要信，而且要绝对无条件地信，你信到什么程度？师父一眼就看穿了，你就是在师父面前保证说："师父啊！我是全心全意、诚心诚意，我是无条件地相信您……"你这话还没说完，师父马上就知道你有几成假意、虚情，你就是磕大头磕得很响，跪下去拜得很虔诚，师父马上指出你还有骄傲气，你还有几分不实在、不诚意在里头，你对师父的信心不彻底，你就得不到师父传授给你的方法，修行不会有进步。

我们中国人过去参禅都是有方法的，可是我们看禅宗语录或公案，往往师父一个拳头、一顿棒子或骂一声，弟子就开悟了，其实没那么简单。举个公案做例子，有人问天龙禅师："什么是第一义谛？什么是佛法？"他竖起一根指头，弟子在旁边看见师父这么做。当人家用同样的问题问这位徒弟时，这位徒弟也依样画葫芦，把指头竖起来，天龙禅师就考验他："过来！过来！什么是第一义谛？"徒弟就竖起一根指头，师父马上拿把利刀"咔！"一声把他的指头砍断了，痛得徒弟大叫着逃开，怕师父再要揍他，师父从背后就喊："回来！"徒弟一回头，师父却竖起指头，徒弟当下开悟了。请问诸位，如果把你们的手指也砍掉，你们能不能开悟？绝对开不了悟，只是痛而已，你开不了悟。

禅师训练弟子、指导弟子的方法，各有各的，祖师们也各有方便权巧，不是随便叫弟子盲修瞎练，表面看来好像毫无道理地折磨你，其实是费尽苦心训练你，你是什么性质的人、什么根器的人，他就用什么方法来引导你上路，所以禅和密，如果修持到了某一层的境界，一定要有高明的师父指导你入门，没有师父指导，靠自己摸索不会有成就。

因此，我们一定要有信心，信自己、信师父、信三宝，如果你连三宝都不信的话，你怎么能够求法？有不少人被公案害了，他们看到公案中的“诃佛骂祖”、“劈佛当柴烧”、“念佛一声漱口三天”、“在佛头上溺一泡尿、拉一泡屎”等例子，这些都是祖师一时的机用，为了破斥行者心中的执着所用的方法。方法用过后就没有意义了，如果你也依样画葫芦，照做一番，那就完了，就像有个伤寒的病人，医生开了伤寒的方子把它治好了，你以为这剂药方可以治百病，人家只是小感冒，你也拿了伤寒药给他吃，结果只会把人害死。所以，公案再拿来用就害人了，害到什么程度？那会使你否定佛、否定祖师、否定三宝，只有自己，自己是什么？自性三宝！相信自己就是三宝，还有拜什么佛？看什么经？信什么僧？没有必要了，这个危险！千千万万的人会因此堕入魔道。

对三宝必须要有信心，而且要有恳切的信心，你才能得到三宝的法，然后才能修持。法是哪里来的？是师父传授的，但是你不先相信自已能够修持，师父也没办法传授给你。相信佛能成佛，祖师能开悟，我也能成佛、能开悟，时间的久暂我不知道，但我有成佛的条件，也有这个信心，而且很坚定，你在修行的过程之中，更要建立一个信念："人家能做的，我一定能做。"常常接受师父的教法，毫不怀疑地努力去修。

如果你不相信师父，你将什么也得不到，对师父没有绝对的信心和敬意，你无法进入禅的门，在祖师禅来讲，强调这一点的人很少，但我个人要特别强调信心的重要，如果不强调这一点，无从使人进入禅的门。

疑情是一种修行的方法，而不是怀疑自己够不够格修行？或怀疑三宝的方法能不能使你修行？修了这个方法能不能使你开悟？不是这种怀疑，对自己、对三宝要绝对相信，百分之百地相信。

疑情是和信心完全相应的一种方法，师父教人用这个方法来修行，疑情是疑什么？我们举一个例，宋以后很多人主张禅净双修，流行参“念佛是谁？”这句话头，天天都在念佛，是谁在念佛呢？是“我”吗？念佛的是我，那么，我是什么？有一个实在的我吗？告诉诸位，“我”是不存在的，我是由许多“我所有的”东西聚集而成的幻相，“我的”烦恼、“我的”无明、“我的”业报等，构成这个我，还有“我的”事业、“我的”财产、“我的”家庭、“我的”身体和身份……许许多多“我的”，构成了我，究竟哪一个是我？没有我，都是烦恼心构成的幻觉，当你一再追问："我是谁？""念佛是谁？""谁在念佛？"就产生大疑团，这就是个疑情。有人参"念佛是谁？"他一参就是几年，也有人参"什么是祖师西来意？""什么是未出娘胎以前的本来面目？"这些都是话头。

参禅、参话头，参就是疑，你的疑情愈重，你也得力愈快、愈大，破除疑团的可能性也愈高，疑团破除后，所产生的智慧光芒也愈强。所以大疑大悟、小疑小悟、不疑不悟，这些疑情都是指修行过程中的心境或方法，并且与信心相资助的方法，不是贪瞋痴慢疑的那个疑。

回避与消融

禅的立场，或佛教的立场，都不主张斗争，也不主张抵抗敌人，在心法的功夫上也是如此。如果你在修行的时候，常常想到有烦恼、有妄念、有种种坏习性，还有外面的嘈杂声音，这一切搅乱你的事物都使你心里讨厌，都障碍你修行，那么，告诉你，你不能参禅，你到哪里都修不成，因为你的心始终在动乱，本来已经有个妄念了，你再加上“讨厌”那个妄念，等于妄念上加妄念，两个妄念相抵抗，正好把你的努力和功夫全部抵消，而念头上加念头，可以使你愈修愈烦恼，愈修火气愈大，所以大多数的老修行，都是火爆爆的，瞋恨心大得很，为什么？因为他的烦恼和烦恼正在斗争，满肚子没好气，你同他一碰，火气马上爆开来，活该你倒霉。

真正修禅的人不会这样子，他对一切逆境、逆缘或不顺遂的念头，都要回避它、消融它，不去抵抗它。什么叫回避？譬如你遇到个坏人，他对你很凶恶，但你不希望和他多啰唆，你尽量用和平的方法避开他。如果他一拳揍过来，你绝不抵抗，你不只回敬一拳的心没有，连希望他不再揍第二拳的心都没有，因为这个希望本身也是妄心，挨揍就挨揍，不抵抗，不还手，对方不会继续打你，这也就达到消融的目的。修禅也是如此，凡是虚妄的念头，你不要去讨厌它，凡是虚妄的事物，你也不以为它可爱或可憎，你的心自然会收摄起来。我们修禅的人，应该在平常生活中，处处有这种修养，也用这种态度来处理日常事物。当我们遇到困难的时候，不要先去讨厌这件困难的事情，因为你一讨厌它，等于困难上再加一层困难，只会使你心烦意乱。你用和平的心回避它、消融它，困难自然会化解。就像昨天我们禅七结束后，一位参加禅七的人跑来告诉我：

“我心里很难过，才打完禅七，马上我又生了一个烦恼心。”

“你生什么烦恼心？”

“早上有人给我一份杂志，我正打开看的时候，背后另外一个人把杂志抢过去，他翻到另一页，指着上面一篇他写的文章要我看，当时我非常瞧不起他，因为这个人有骄傲心，好像故意在我面前卖弄才华，我心里很难过。”

“你不必难过啊！你这是平常心，平常的人产生平常的心，有什么好难过的？”

他听了这句话，想一想，有道理。

我再告诉他："那个人也是平常心，平常的人有平常的心，做出平常的行为，你何必看不起他？他又没有陷害你，你的反应也只是平常心而已，何必难过？他以凡夫心待你，你就以凡夫的心境来衡量他；平常的心产生平常的行为，平常的行为也以平常的心境来衡量他；圣人的心就以圣人的心境来衡量他，彼此能无心相忘是最好的了。"

他听完话，很高兴，心里的疙瘩没有了。

我们修禅的人，不但要面对现实，接受现实，还要消融现实。我们一开始回避它，不去抵抗它，然后达到消融的目的，以回避和消融来代替斗争和抵抗。

山林与都市

初修禅定的人，最讨厌嘈杂的声音，所谓“声为定刺”，声音是修定的人最难忍受的一种刺，而所有的声音之中，最讨厌、最可怕的就是人的声音，但对一个真正修禅的人来说，没有这个困扰，他能够动静一如。

很多人误认为佛教隐遁山林是为了修禅，看到古代许多大丛林都建立在山林中，更认为修禅的人是逃避现实、闭关自守，把山门关起来自己修行，这是错误的看法。中国佛教自唐末遭遇了几次法难以后，都市的佛教受到政治迫害，和其他社会因素的排挤，许多有修行的高僧大德都隐入山林，在山林中修行，不必依靠施主布施，不必仰赖政治保护，也不必取得社会认同，可以很安定地发展出一种自力更生、踏实稳健的风格，例如在都市讲经修道，必须有殿宇、禅堂，及各种设备，在山林中只要有间简陋的茅蓬遮避风雨就行了，既踏实又稳健，而且真正达到修行的目的。所以佛教便在山林中展开修行与传法的工作，中国佛教的命脉能够延续下来，流传到今天，就是靠禅宗在山林中发挥修行和传法的功能，但不要因此误会佛教和禅的精神是山林的、是逃避现实的。

修定的人会讨厌人间，厌恶嘈杂，真正修禅的人，不会讨厌人间。有一次，我有一个学生打坐，无论怎么坐也没办法把心定下来，我问他有什么困难？他说："我在家里打坐，邻居开收音机、听唱片、孩子叫，吵死了，坐不好；我到山里去，开始的时候很喜欢深夜的宁静，后来风吹树动、鸟叫虫鸣，也是吵，坐不好；我再钻进山洞里，虽然听不见风声，可是黎明前有许多昆虫唧唧啾啾地展开大合唱，也是吵，坐不好……”他为了逃避声音到处跑，最后实在没有地方可以躲藏了，我只好告诉他：“世界上没有无声的地方，你就是把耳朵塞起来，听不到外界的声音，也会听到自己的心脏“砰！砰！砰！”上下鼓动，如果你害怕声音，干脆不要打坐了。”他说：“不行啊！我一定要打坐。”我就教他一个方法：“你真的要打坐？那就让声音进来好了，先不要排斥它，你听着这个声音，你的心不要让境转动，你的心不动，外面的事物动，你听好了。”他听声音，心也渐渐定下来了，这就是我们前面讲的，“收散心、放散心”，不能收，就要放。

禅没有山林和都市的分别，也没有舍动取静的趋向，所谓十字街头好参禅。禅宗有个“十牛图”，描写一位禅师的修行历程，到后来他走进城市去化度众生。即使是在修行的过程中，只要你方法得当，同样可以在人群嘈杂的城市修行，任何时候、任何地方都可以修行。在我教人修行的方法中，其中有一种看来很古怪，要人站在台北市西门町的十字街口看景物。这只是一种方法的譬喻，不是真要你站到西门町去，目的在让大家了解，都市也好，山林也好，对真正修禅的人来讲，都一样。佛陀行化人间，走遍印度各大城、小镇、穷乡僻壤、山林小径，只要有众生可度的地方他都去，没有固定要隐居山林，也没有特别要避开都市。

合理与反常

禅的方法或禅师讲的话，往往是反常的，一个禅师所讲的话，一般人听了，会以为他疯疯癫癫，胡说八道，不是用常情常理可以衡量的。你说东他一定说西，你说好天他说下雨，你说长他道短，你说成佛他说着魔，总是和你持相反的态度。譬如禅宗语录有句话："人从桥上过，桥流水不流"，人从桥上走过的时候，看见桥在流动，水没有流，这是怎么回事？还有："东山下雨西山湿"，这句话也没办法理解，这些都是违反一般常识境界的话，害得那些文字阿师，呕尽心血，挖空心思，想加以解释，其实只是在揣摩这些禅话"大概"是这个意思？或那个意思？这些话根本没有代表什么特殊意思，只不过是修行的人，到了某个阶段，通体脱落了，或禅师为了点破弟子的最后悬疑而说的话，这些话违背常识境界，平常人以为它是反常。

禅师为了教导弟子，或弟子用功快要成熟的时候，禅师为了帮助弟子，往往出之于反常的行为，或讲反常的话。

在今天这个讲民主自由的时代，没有人赞成打骂教育，可是在我主持禅七的时候，我不但打骂棒喝，而且打得很成功，也骂得很成功，但我不能到外边来骂人，我若到你们大专佛学讲座来骂人，你们就不会听讲。而且会说："圣严法师，专门骂人，可能神经有问题。"但是对那些正在修持的人，为了要破他的执，我非骂他们不可，而且骂得毫无道理，骂得他心念没办法转过来，这是逼他，他正在想道理，转念头的时候，你狠狠骂他，一板子打过去，他的心念转不过来了，如果他还在头脑里转念头，这是妄念、妄想。所以“动念即乖，开口即错”，念头一转就错了，嘴巴一讲就错了，打你，骂你，就是要你念头不要转，要你落实用功夫。禅师用这种反常的手段来诱发弟子进入修持的领域，和提升修持的境界，所以不能用平常人的眼光来判断他是个疯子。

正在参禅的人，他的身心状态，乍看之下也是有疯疯癫癫的表征：大哭、大闹、大笑，或横七竖八地倒下来、站起来，这些像疯人院的现象，都是反常，所以禅师训练弟子，也用反常的方法，不是一般人所能理解和接受，可是他能得到正面的效果。因此，有些美国人到日本去学禅，认为日本的禅师是虐待狂，喜欢打人、骂人、整人，整得人愈苦他愈高兴。禅师的确是专门整人，但他不是虐待狂，他是用反常的方法来对治你。在座有几位同学刚参加过我主持的禅七，他们都承认我整得他们很好，因为整得好，虽然被整的时候很苦，整过后，身心都有改变、有进步，非常好。

禅不讲理论，禅师在训练你的时候，也是不和你讲道理的，他说“生姜长在树上，皂荚长在地下”，你们不相信也得相信，这就是要你不去转念头想道理，事实上生姜、皂荚也只是个假名，你何必认真？你如果不服气，还要在心里推敲，想一想对不对，你的心念一动，你自己的功夫就用不上力，所以禅师用反常的行为，讲反常的话，叫你死了这条心，为了把你那个转念头的妄心踏杀掉，他必须采取反常的手段来对治你这种反常的心。

一般人自以为正常的心，所谓平常心，事实上都是反常的，都有问题，谁敢承认自己完全精神稳定、没有问题？告诉你，自认为没有问题的人，本身就有问题，因为他不敢面对问题，还要百般护短，就像喝醉酒的人老是说："我没有醉。"如果反省自己，知道有问题，情绪有时不稳定，神经有时过敏和紧张，这个人是正常的。

我们用不正常的手段来对治不正常的心，负负得正，以毒攻毒；用不合理来对治你满脑子的妄想，不正常正是正常，不合理正是合理，因为你用常识境界来判断它反常、不合理，而禅师从手段、方法和所得的正面效果来说，是非常合理的。

文字与不立文字

语言文字是传达思想情感的工具，人类对事物的描述说明，人际之间的交往沟通，及人类历史文化的累积保存，都必须有语言文字来传递和记录。文字的性质是一种抽象符号的组合，语言则是这种抽象符号的音声化，两者本是一体。

了解了语文的功用和性质，现在从禅的立场来看“文字与不立文字”的问题。我一开始就强调禅是不能讲的，现在我已讲了一个多钟头，可能还要延长时间，这是为什么？禅的本身是智慧，智慧无法透过抽象性的符号来表达，文字所说明的只是字典上的意义和概念上的名相，不是智慧本身。从这个观点上我们说“不立文字”，就是希望你不要去执着文字所构成的理念或名相，直接去修行体证。

佛陀说法四十九年，讲经三百余会（这是一般的说法，现在不做学术性的考证），结集成三藏十二部经典，这些是不是已经达到传佛心法的目的？没有！语言或经典上的文字记载，只是指点你通向修行的路径、方法、过程和目的，这只是指示月亮在什么地方的指头，根据指头所示的方向，你去寻找月亮，指头不等于月亮本身。因此，佛心必须心心相传，所谓“直指人心”，不能依语言文字来传，叫做“教外别传，不立文字”。

世界上文字起源最早的四大文明古国，至今也不过五六千年的历史，人类运用语言文字做工具来传达思想、感情；说明事物、见闻；记录经验、历史，文字的性质包含了抽象性的一切理念、概念、名相，不一定是狭义上的限于写或印在纸面上的符号。这些符号不能直接传达佛心，佛心必须从修行中去如实体证。

可是在世谛流布的层面，为了传播佛法，把修行的方法和目的告诉人，必须假借语言文字来传达，因此，禅宗表面上看起来非常矛盾，它既讲“不立文字，教外别传”，而历来禅宗的语录、公案比任何一个宗派的教理记载还要丰富，如《景德传灯录》、《五灯会元》、《指月录》、《续指月录》等，近代有人继续编《续灯录》，你从《卍续藏》里可以看到禅宗语录之卷帙浩繁，比起华严或其他讲教理的宗派还要多，这并不奇怪，只要你了解“不立文字”的涵义，并不是要你像个哑巴或文盲，不说不写，而是要你先认识文字的限制，不去执着文字相，语文只是一种权巧的工具，我们能够借语文来说明修行的方法和目的，但透过语文所陈述的方法和道理都落第二义，第一义必须直观现证。

禅的副产品——艺术

昨天早晨，在我们第二次禅七结束的心得报告会上章克范教授讲："如果我们参加禅七的人当中，有人文学素养很好，他只要把禅七期间的心境体验，和对自然环境的完美感受描写出来，必定是篇动人心弦的文学杰作，这篇作品能够传达禅的一部分精神……"

他讲的是事实，所谓诗情画意，往往与禅有连带关系，中国的诗词、绘画中，有许多禅诗、禅画，而意境最高的诗画往往具有空灵脱俗之美，这就有禅的成分，创造这些作品的艺术家是不是已经进入禅的门了？大有问题，但即使是沾一下禅的意义，他已经受用不尽了，作品意境已经美不胜收了。

普通人眼中的一朵花不过是朵平常的花，经过艺术家的心灵感受再呈现到画布上，就另有一番美的意境。

当你进入禅的修行阶段，心境有了变化，你再仔细观察四周环境：一花一叶，一草一木，一沙一石……都显得生机无穷，那么完美、舒畅、可爱，看了令人满心欢喜。

你会不胜惊奇："啊！世界有这么美，这么丰富，为什么我以前没有发现？如今看起来特别亲切。"这就是在修禅的过程中可能达到的艺术境界。

举个例子，如果你是个男孩，你心目中有个梦寐难求的对象，你一直没有把握得到她的青睐，当你鼓足勇气跪在她面前哀求："嫁给我吧……"意料之外，她答应了，你一高兴，狂奔到马路上，你会看见每个人都在对你笑；鸟儿也在枝头上叫："恭喜！恭喜！"微风吹动花草，花草树木都向你点头祝贺，一切事物随着你心境的欢乐变得喜气洋洋。

假如你做错事，碰了一鼻子灰，又挨了一顿臭骂，这时候你拖着沉重的脚步走出来，看见每个人好像都在生气，都在嘲弄你、侮辱你，连路旁的小猫、小狗都想欺侮你，咬你几口，吠你几声，你觉得样样事都倒霉，一切事物随着你心境的烦闷而变得死气沉沉。

这种由于心境的激动所产生的变化，是临时性的。

正在修禅的人，心境也很容易产生变化，一开始你要他把心收敛起来，再要他把心放开，一收一放，收了再放，然后你要他把心定下来。

这时候请他详细观照外面的自然世界，许多过去所忽略的事物都展现在眼前，心灵也体验到过去所没有的一种完美和谐的感受，虽然他还没有进入禅的门，已经觉得生命无比完美，灵感源源不绝。

有些人到了这个地步就不再前进，他便成为艺术家或风雅之士，如果他倾向文学创作，会有很美的文章，如果他倾向美术造型，会有出神入化的画风，这是一种冥想（meditation）的效果。

当你透过修禅达到冥想的阶段，可以在艺术创作上开出奇葩，这虽然不是禅的目的，却能够影响社会风气的和谐，和增加文艺领域的创作，这是禅的副产品。

今天我依序介绍了九个小题目，有没有把禅的本质介绍出来？没有！告诉诸位，禅不能解释，还能讲什么本质？有本质就不是禅了。

（选自《学术论考》）

第二章 坐禅的功能

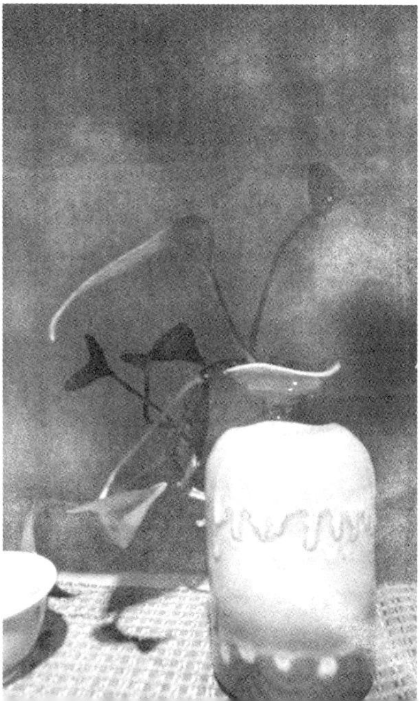

坐禅的功能，
主要是由于心力或念力
集中于某一个抽象或具象
的念头而来。

坐禅即财富

近世以来，由于科学的长足进步，为人类解决了不少来自自然环境、社会环境，以及生理和心理等各方面的难题。但是，等待着我们去解决的难题，也随着人类物质文明的进展而愈来愈多。实际上，直到地球毁灭的那天为止，自然环境加诸人类的难题是不可能全部克服的，直到我们的肉体死亡的那一瞬间为止，对于身体的机能是无法完全控制的。至少，人类无法阻止太阳热能的渐渐消失，所以，地球的衰老与毁灭，将是无可避免的事。又由于人类无法阻止生理机能的渐渐老化，所以，肉体生命的必将死亡，也是无可避免的事。

然而，当地球尚可为人类居住的一天，我们应该设法改善自然环境，使之更有利于人类的生活与生存；当我们的肉体生命尚继续活着的时候，我们就该设法改善身心的健康，使我们生活得更舒适愉快。这虽是现代科学的课题，但却不能将此责任交给现代科学，因为推动科学，要仰赖人类的智能和体能，要想发掘潜在于人类身心深处的最高智能和体能，唯有坐禅才是最好的方法。

坐禅的方法，虽是渊源于东方人的智慧，事实上，不论东方或西方，凡是伟大的宗教家、哲学家，杰出的政治家、科学家、艺术家等，多少均须得力于若干禅的功能，即使未必采取特定的坐禅姿势或坐禅的名称，就他们发挥出超乎常人的智力和毅力的本质上说，与坐禅的功能是相应的，只是他们不知道那是出于禅的功能而已。由于他们的天赋高于常人，故在不自觉的情形下，能够得到若干禅的功用，使他们成为杰出的人。

我们既已知道，坐禅是发掘并发挥人类潜在智能和体能的最佳方法。所以透过禅的训练不难把普通人改造为杰出的人，将天赋低的人变优秀，体魄差的人变强健，优秀者使之更优秀，体魄强健的变得更强健，使人人皆有成为完人的可能。所以，坐禅是健全人生、建设社会、改善一切环境的最佳方法。对常人而言，坐禅可以坚强意志，改变气质。在生理方面，可以得到新的活力；在心理方面，可以得到新的希望，对周遭的一切环境方面，可以得到新的认识。因此，坐禅能使你获得一个崭新的生命，能使你发现你是多么的幸福、自由和生气蓬勃。

坐禅的功能，主要是由于心力或念力集中于某一个抽象或具象的念头而来。所以，在行、立、坐、卧的任何姿势，均可能发生禅的反应。不论是沉思、默祷、礼拜、读诵，乃至细心审察、凝神倾听等心无二念之时，均有发生禅之反应的可能。然而此等状态下的禅的反应，是可遇而不可求的，对于绝大多数的人是不易发生的，纵然在极少数人的身上，偶然发生一两次，却无法求其经常发生。

正因如此，发源于东方的禅的修习方法，便成为必要。如果你希望得到它，而去跟随一位禅的老师学习的话，这方法将使得可遇而不可求的禅的经验，成为人人皆有机会获得的财富。

可贵的人身

求取禅的经验，不限定采用某种特别的姿势，比如正在病中的人、生理机能有残障的人，或者工作特别忙碌所谓席不暇暖的人，他们可以躺在床上、坐在轮椅上，或在巴士站、电车站、车上、工作房等的任何地方，或立或坐，均可照着老师所教的禅的方法，作数分钟乃至数小时的实习。

效果最大、见效最快的方法，当然是采取双腿盘坐的姿势。初开始学坐禅的人，尤其是中年以上的人，若想把双腿盘坐的姿势，坐到驯熟，并且享受到坐禅的乐趣的程度，必须先有忍耐两腿疼痛及麻痹的心理准备，两腿的痛和麻，也正是初坐禅者和他自己的怯弱面作艰苦战斗的一段历程。当他通过了这段历程时，至少他的意志力，已战胜了他的畏惧艰难而不敢面对现实的退缩心理，在人生的境界上，他已悄悄地向前迈进了一步。

在所有的动物之中，唯有人体的构造，能够采取盘腿而坐的姿势。所以，坐禅的方法，只对人类而设，坐禅的利益，只有人类才有机会享受。

我们应该庆幸，能够生而为人，也该珍惜我们得到的人身。因为，从坐禅的实习之中，可以得到三大利益：

（1）坚韧的体魄。

（2）敏捷的头脑。

（3）净化的人格。

所以，释迦牟尼佛经常对其弟子们赞叹人身的可贵，并且强调，从天上至地下的各类众生之中，唯有得到了人身的众生，最适合修行佛道。

科学家所见坐禅的功效

坐禅的好处，是从身心的反应而被发现。根据日本京都大学（Kyoto University）心理学教授佐藤幸治博士所著《禅のすすめ》（Zen no susume）中的报告，坐禅有十种心理方面的效果：

（1）忍耐心的增强。

（2）治疗各种过敏性疾病。

（3）意志力的坚固。

（4）思考力的增进。

（5）形成更圆满的人格。

（6）迅速地使得头脑冷静。

（7）情绪的安定。

（8）提高行动的兴趣和效率。

（9）使肉体上的种种疾病消失。

（10）达到开悟的境地。

又根据日本的医学博士长谷川卯三郎所著《新医禅学》（Shinizengaku）中的报告，提出了坐禅的十二种功效，治十二种疾病：

（1）神经过敏症。

（2）胃酸过多及胃酸过少症。

（3）鼓肠疾。

（4）结核病。

（5）失眠症。

（6）消化不良。

（7）慢性胃下垂。

（8）胃、肠张力缺乏性。

（9）慢性便秘。

（10）下痢。

（11）胆结石。

（12）高血压。

坐禅的最高目标，固然在于转迷成悟。如果一开始便高谈迷悟的问题，除了极少数根基深厚的人之外，对于大多数人而言，是不切实际的。所以我们不得不借助科学的研究报告，向读者介绍坐禅对于身心所能产生的效果。此对于已有实际坐禅体验的人没有用处；对于希望尝试坐禅经验的人，则有若干诱导作用。

身心安全的保障

人们在日常生活中，对于自己身心了解的程度，是极其有限的，一个人在心理活动方面，每天究竟有过多少的念头波动起伏，固然无暇审察，即使刚刚滑过的一分钟之间，有过多少什么样的念头，主要的一两个，或尚有点印象，许多微细的、一闪即逝的念头，就弄不清楚了。再从生理的活动方面探讨，细胞组织的新陈代谢、生灭不已，从常识上说，你是知道的，从感觉经验上说，你是无法知道的。当然，我们也没有把这些问题弄清楚的必要。

重要的是，处身现代工商业社会中的人们，不论从事学问或其他职业，不论为个人谋生活或为大众大众谋福利，处处均需要运用高度的智能及强韧的体能。但是，人们却很少知道，在其智能及体能的宝库深处，有着很大的漏洞，将大量的能源无谓地漏掉，同时，又不能生产出应该可以生产的足够能源来。这可称为能源的浪费，也是生产量的停滞，既未尽力开源，也未能适当地节流，实在是极其可惜的事。

这个漏洞是什么？就是各种杂乱的妄念，消耗了体能，降低了智能，妄念之中尤其是使情绪激动的强烈欲望、忿恨、傲慢、失望等，均能使得生理组织发生震撼而失去平衡的作用。假如学会了坐禅的方法，你就能够减少那些杂乱及无益的妄念，使你的头脑经常保持轻松与冷静的休闲状态，当需要用它来解决问题的时候，便得以充分地发挥它的最高功能，又能使你的全身各种内分泌腺，保持着相互调配、合作无间的工作状态，促进交感神经系统与副交感神经系统的相互为用。

比如交感神经系统的脑下垂体、松果腺、耳下腺、胸腺等，有收缩血管、升高血压，使得全身的兴奋机能活跃起来；表现于外，则为反应机警敏感等的功效。副交感神经系统的副肾、卵巢、睾丸、胰脏等的内分泌腺，有扩张血管、降低血压、缓和兴奋机能的作用；表现于外，则为沉着稳定的功效。两者的优点相加，便可形成完美的人格，偏于任何一边，均有它的缺陷。

我们知道，由于工作紧张、用脑过度，或者由于某种外来因素的刺激，不论是狂喜、暴怒等，均能使得血管收缩、脉搏跳动的次数增加、血压升高、呼吸急促，结果，便可能形成脑溢血、失眠、心悸、耳鸣、神经过敏、消化不良等的病症。这是因为，

得之不以为多，失之不以为少。

当你的情绪在剧烈地激动之时，你的血液中，由于内分泌腺的工作，失去了平衡，所以出现了毒素。

内分泌腺在正常状态下是促进人体健康的。若失去平衡，便会对人体健康亮起警报的红灯。坐禅的功效，能使人将浮动的情绪，转化为清明而平静的情操，临危险，不恐惧；逢欢乐，不狂喜；得之不以为多，失之不以为少；逆之不以为厌，顺之不以为欣。所以它能成为你身心安全的保障。

身心的调和及解放

说得更清楚些，人体的交感神经系统与副交感神经系统，应该经常保持平衡发展，否则，除了在生理上的不健康之外，在心理及性格的发展上，也是不健康的。如果偏于前者，他将是敏感、自私、急躁、易怒和缺少友善、不得人缘的人。如果偏于后者，他将是浑厚、老成、乐天、和善的人。

前者发展的结果，好的一面，可能成为孤傲的哲学家、精明刚强的军事家、愤世嫉俗的书生；坏的一面，则可能成为刚愎自用、暴戾成性、顽劣不羁的人物。后者发展的结果，好的一面，可能成为悲天悯人的宗教家、宽宏大量的政治家、胸襟开朗的艺术家等；坏的一面，则可能成为没有理想、不辨善恶、不明是非、为人处事缺乏原则的烂好人。

当然，如果仅仅偏于一边的发展，那是决定倾向坏的一面，如已从好的一面现出特色，必定多少是得力于两者的调和。

坐禅，是协调全身的组织机能，步上正常的工作，并助其发挥最高功能的方法。下手处，是以调身、调息和调心的方法，减轻交感神经系统的负荷，冲淡主观意识的影像，将自我中心的界限，渐渐向外扩大，乃至忘却了自我的存在，主观意识便会消融于客观意识之中，到了这种境界的人，种种的烦恼，虽未彻底解除，对他已不会构成身心健康的威胁。

贪欲、瞋恨、不反省自己、不原谅他人、不分析事理而形成为烦恼的原因，即在于主观的意识太强烈。以为他虽与一切事物相对立，一切事物均不应与他的主观意识相违背。未得之时，他要追求；求得之后，可享受之事物唯恐失去，可厌的事物又唯恐脱不了手。求不到时，固然烦恼，求到之后，依然受着各种烦恼的包围。

唯有坐禅的方法，可将人们从自我中心的主观心态，渐渐地转变为客观心态，从主观的烦恼陷阱之底提救，冉冉上升至客观的自由世界，因而得到身心的解放。

长寿、愉快

减轻交感神经系统的负荷，与呼吸很有关系，常人均以肺部为呼吸的重心，坐禅的人，则将呼吸的重心，移至小腹，我们称它为丹田、气海，目的在以腹压为媒介，再以意志支配副交感神经系统，扩张血管、降低血压、松弛兴奋机能、大量分泌乙酰胆碱，产生镇定、安静、解毒的功能。

呼吸的重心，由胸部移至小腹，不是一两天的工夫可以办到的。有些教瑜伽术及气功方法的人，即主张以腹式呼吸，来达成这个目的。不过，那种方法，并不能适用于所有的人，有些人的生理机能，由于先天或后天不同，如硬用强制手段，作腹式呼吸的练习，便可能导致疾病。

安全的方法，是顺乎自然，将注意力集中在呼吸上，勿求急功，保持平常呼吸继续练习下去，日子稍久，呼吸的速度自然缓慢、次数自然减少、深度也自然向下延伸，有一天，你将会发现你的呼吸重心，已从胸部下降到小腹去了。

腹部呼吸，能使储存在肝脏及脾脏内的血液，输送到心脏以发挥其功能。肝和脾有造血并储血的功能，在这血库之中，藏有人体总血量的三分之一，心脏及全身的肌肉内各占三分之一。肝和脾的血液，平常不进入循环系统，只有必要时，开始适量地补充心脏内血液的不足。腹部呼吸，则等于为人体增加一个辅助心脏，使得循环系统内的血液量增加一倍。

血液量增加，输送营养的功能加强，能使已经萎缩了的细胞组织，赋予活力而健全起来，使得闭塞而将死的细胞组织，渐渐地复苏而赋予再生的机能。正因如此，坐禅能够治病，能够破除种种所谓奇难杂症、慢性病的病灶。

当你患了医药不易奏效的怪病之时，不妨学习坐禅。坐禅虽不能像割除盲肠那样，使得患者手到病除，但是它能安定你的情绪，减少对疾病的恐慌及畏惧，也能减轻疾病加诸你痛苦的感受。纵然，人的生理机能，有其一定限度的寿命，坐禅不能使你永远不老不死，但它能够使你活得较久、活得比较愉快有趣，这是可以办到的事。

培养完美的人格

完美的人格，可从教育、艺术、宗教等熏陶之中养成，但那并不完全可靠。

有些人迫于名利及权势等欲望的诱惑，接受了教育、艺术、宗教的熏陶，在人前也能表现出高尚的人品和圣洁的行为，但他们的内心，却包藏着不可告人的熊熊野心和阴谋诡计。这些人，我们称之为双重人格。

因此，世间有受过良好教育的伪君子，也有藏形于教会之内、列身于教士群中的魔鬼。

因为，不论是宗教的教条、教育的伦理、艺术的欣赏，均系由外来的灌输，甚至是权威的高压，这些与个人内在的欲求，未必都能够吻合。

坐禅，是培养完美人格的最好方法，它是由于内发的自觉，而达到人格升华的目的。不需教条来施予任何压力。

伦理、道德，对于坐禅的人是没有用处的东西。而且，宗教的教条、伦理的标准、道德的尺度，均会由于时代、环境及对象的不同而失却其可通性。所以，近世以来的新兴宗教之出现，几乎如雨后春笋，乃至佛教也不例外。

禅虽脱胎于佛教，因其不假外缘，不立文字，故系万古长青的修行法门。

坐禅的练习，是将“自我”这样东西，像剥芭蕉树一样地，一层妄念又一层妄念剥光之后，不但见不到一个装模作样的我，连一个赤裸裸的我也见不到的，起初是将自我暴露出来，最后则根本无物可让你暴露。

所以，坐禅的人，不必向别人掩饰什么，也不必为了改造自己而感受到来自外在的压力，更没有像忍受着痛苦割除毒瘤那样地挣扎的必要。

坐禅，只是循着修习的方法，渐渐地将妄念减少，乃至到了无念的程度，你自然会发觉你过去的存在,只不过是存在于一连串烦恼妄念的累积之上，那不是真正的你。

真正的你，是与一切客观的事物不可分割的，客观事物的存在，是你主观存在的各部分而已。

所以你不必追求什么，也不必厌弃什么，你的责任是如何将你的全体，建立得更有秩序、更完美。

坐禅的人，到了这样的程度时，他将是一个热爱人类的人，也将是热爱一切众生的人。

他的性格，将会开朗得如春天的阳光；纵然为了接引及教化方法的运用，在表情上也有喜怒哀乐，他的内心则必是经常平静而清澈得如秋天的明潭。

这种人，我们称他为开了悟的人，或称之为贤者、圣者。

释迦牟尼佛曾说："一切众生无不具备佛的智慧和功德。"如果你向往坐禅者可能得到的利益，你的愿望必将成为事实。

不论男、女、老、少，不别智能的优劣、体能的强弱，也不问职业、地位和宗教信仰，禅的大门是为一切人开放的。

只是有一句极要紧的话，必须告诉你，你看了这篇讨论禅的文章，这篇文章的本身，绝不等于"禅"那个东西。

坐禅的事实，尚等着你下定决心，并以恒心来实际地跟着你所信赖的老师去学习，否则，这篇文章仅仅为你增加了一些知识的葛藤，无助于你希望学禅的一片好心。

（选自《禅的体验，禅的开示》）

第三章 锻炼心

世界上找不出任何

两个人的心是相同的，

如果有的话，那么世界太平，

而世间也不成其为世间了。

人心不同，各如其面。

锻　炼

首先解释“锻炼”两字的意义。古代的武士、剑客，都讲究宝刀、宝剑，宝刀、宝剑怎么制造？是由铁铸成。这铸造的过程，称锻铁、炼铁，铁可炼成好铁，再炼成钢、纯钢、精钢。在古代，是用老式的土法炼铁，讲究技术、方法，故须经由明师选材处方，同道家炼丹一样，特别着重传承，有独门秘方。铸造好的铁器，须经特别的炉火烧炼之后，再用手工捶打。若技术不好，不仅炼不出钢来，反而会把全部的铁打成铁渣；唯有技术娴熟，才能打掉铁渣，而锻成纯钢。所以技术较差的铁匠，只能打出镰刀、斧头或菜刀等，却炼不出上等的宝刀与宝剑。同样的，人心的锻炼也要有明师指导正确的方法。在说明炼心的方法之前，先对人心作一番考察。

心

一个人的思想观念、性格性向、言行举止，都是心在主宰。俗话说：“人心不同，各如其面。”世界上没有面孔长得完全一样的两个人，一百人有一百个不同的面孔，一百人也有一百个不同的心。虽然有些人面孔长得神似，或者双胞胎长得几乎完全一样，而分辨不出谁是谁，但只要各自的性格一表现，就知道谁是谁了。世界上找不出任何两个人的心是相同的，如果有的话，那么世界太平，而世间也不成其为世间了。

社会是群众的组合，无数人共同生活在一起，它是个大染缸。由于每个人的思想、观念不同，同时为了在竞争激烈的环境中求取生存的保障，人们学会保护自己，处处争取权益，以免于吃亏受害。因此，各人有各人的打算和想法，人人变得自私自利，将彼此的关系建立在“利”上，各怀心眼，不能坦诚相待。俗语说：“人不为己，天诛地灭。”为己本无可厚非，否则便无法生存；但人与人之间也因而产生许多不和谐的现象，勾心斗角，扰攘纷争，永无宁日。因此，不论亲疏，非但朋友之间信义荡然，甚至演出父子反目、夫妻异梦、兄弟阋墙的悲剧。

人心是不同的，不容易统一的，小自个人与个人，大至团体与团体、种族与种族、国家与国家，或人与动物之间，都会引起诸多问题，产生对抗与冲突。所以我曾以“矛盾与统一”为题，做过一次开示。

这些现象之所以会产生，归根结底，在于未经锻炼的心变幻莫测，不可捉摸，有如野马奔逸，不易驾驭、制伏。因此，必须炼心，以期在矛盾、对立、冲突之中，寻求平衡、和谐、统一。

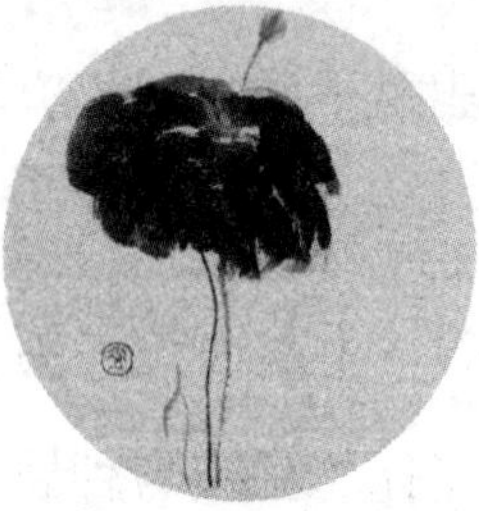

炼心的方法

下面讲炼心的方法，分成三个阶段及层次：

一、经由教育或宗教信仰，把歪曲心锻炼为正直心

从生理上看，人的心脏是长在胸腔的左边，而非正中间，所以偏心是正常的，偏己、偏私，偏一家、一族，偏一国家、一民族，都是正常的。歪心就不正常，歪同偏不同，歪是歪曲的意思；存心损人利己就是歪心。幸运的是，世上还是有许多损己利人的人，所谓百步之内必有芳草，比如圣贤、豪杰、菩萨心肠的人即是。一般人都是因为互有往来、

互取所需、彼此获利，而生活在一起，称为互助互惠，但还是以利己为先决条件。比如美国的农产品过剩时便由政府补贴农户，把农地荒芜，明知亚洲、非洲由于营养不足而死者每年有数十万人，为了保障美国人民的生活水准，便不得不视若无睹，见死不救。所以美国人做任何事，首先强调的是要符合美国人的利益，实际上美国也算是对其他落后地区慷慨的国家了。

歪心的人，居心叵测，惯用不正当的手段取得不合情理法的利益，如故意倒会、恶性倒闭、瞒天过海、抢劫、勒索、巧取、豪夺等罪行；他们或能获得一时的侥幸，将来如何则不难逆料，纵然现世能逃过法律制裁，他们的后代子孙以及他们的后世果报，绝不会有好的收场。

佛法用因果论来教育众生，善有善报、恶有恶报，因此，信奉佛法的人知道因果轮回，不敢做违背良心的事，相反要做有益于人的事。所以佛教的教育，可使人从歪曲心变成正直心。一般的宗教也能达此层次，此在佛教，乃是最基本的要求。

二、用修行的方法，把散心、乱心，锻炼成统一的心

第二个层次的炼心方法，主要是用禅定的修持。第一个层次所依的方法是戒，戒的消极立场是不作一切恶，戒的积极立场是须行一切善；若要把乱、散的妄想心变成集中的统一心，就要用定的力量。

妄想心与散乱心为同一东西，但性质不同。散乱的意思是思想不集中、念头散漫，没有一定的方

向和目标。妄想的意思是不必想的而去想、不该想的而去想，它可能是散漫的，也可能是有条理的。比如有的人嗜好抽烟、喝酒、赌博，明知这些都是不良习惯，但是不抽、不喝、不赌，他心里难过，手痒痒的；尤其瘾头犯的时候，要他不做，已不容易，心里不想，更不容易了。

跟随我修行的弟子之中，有的常跟我讲，他常常会起一些不须想、不该想的事，觉得很罪过。有的则说他每当打坐、诵经时，有妄想出现，而且是犯罪的念头，他觉得很难过。我告诉他们："不要这么想，如果能够没有妄想杂念，你的修行已经成功了；正因为在初心修行的阶段，所以无法做到专心念佛、专心打坐。"其实，平常生活中也会有坏念头出现，只是心思太杂，自己没有发觉。而在打坐、念佛、拜佛、持咒时，心较专注，头脑比较清楚，坏念头出现时，就容易被察觉了。不是自己故意要想，而是潜在的意识，在不受压制时，忽地浮动上来的。

如何对治散乱心和妄想心呢？那就要用修行的方法。修行的法门很多，其中以禅观的方法，收效比较显著和踏实。禅观的方法有很多，我们所教的入门方法是数息观。数息观就是用数呼吸的方法，打心的铁。时刻把心系于方法上，方法和心，要像猴子和链子的关系。方法不转移，就像把猴子的链子绑在桩上，使得猴子时刻不离那根桩，当心念往外缘时，立即又被拉回到方法上来，时刻把心绑在方法上，一离开方法，就马上警觉；而数息观最易让我们警觉、发现自己的心是否离开了方法。

用方法能使散乱的妄想心消失，这不是说用方法来把妄想打掉，或像用军警的武力消灭土匪强盗那样，用方法就是用方法，为了用方法而用方法，不是为了要消灭妄想而用方法，最后妄想就会自然消失。

这个层次的修行阶段，你可能尝到的经验是一次又一次的失败，而不是成功；是发现更多的妄想，而不是心的集中和统一，你必须要付出耐心和恒心。

三、用禅的方法，把集中、统一的心粉碎

炼心炼到第二个层次完成，心已能集中和统一。心如能够集中，便可减少打妄想的时间，心力专注、头脑清楚，揆之日常生活，应付裕如。做起事来条理井然，效率增进，不致了无头绪，慌张颠倒、虎头蛇尾。一般人到此程度，已得很大利益。进一步由集中而达到统一的程度，就是发现“天地与我同

根，万物与我一体”的道理，世间的圣贤之能成为圣贤，必定有类此的体验。

然而集中心和统一心，尚都是有“我”的阶段：能够集中的心，是“小我”的肯定；能够统一的心，是“大我”的落实。正在经验大我的统一状态时，不会有烦恼的分别心；然当你由统一心状态再恢复到分别心状态时，便会产生强烈的自信心。可是，自信心愈强的人，我执愈重，他的“我”非常坚固，他相信自己所讲、所见、所想、所为绝对正确，他有自信他是有无限慈悲心、同情心、使命感和权威感的人。不幸的是，很多宗教与宗教之间的对立、冲突、战争、迫害，都是从此自信心出。因为强大的自信心，即是傲慢与偏激。

从佛法的立场讲，虽然要有自信心，但要无我。无我的意思是，不以为自己是全体，不以为自己是有无限力量的救济。所谓救济，是众生自己得度。所以菩萨度尽一切众生，而实没有一个众生得度，这是无我。

如何能够达到“无我”的目的呢？唯有经由禅的方法来修行。禅的方法，就是把已经集中统一的心粉碎；是把坚固的我执消灭、消散，当“我”不存在了，才是大解脱，也是大落实。如果达此目的，就是要用踢翻乾坤的禅法来修行了。

（选自《禅的生活》）

第四章 禅修的历程

对于一个刚刚接触佛教
或者从未接受过禅修训练的人，
要求他一下子便做到丢掉过去又不思
未来的所谓“大死一番”，
也是困难的事！

禅七不是为了医病，而在锻炼身心。

中国的禅宗，是不落阶次的顿悟法门，若涉及禅观或禅教的方法，例如数息观、不净观、因缘观、枯尸白骨观等，便可能被视为渐悟法门了。但是不假渐修而能顿悟成佛的人，毕竟太少。从禅宗祖师们的开悟经过来考察，大多数是在积年累月的修行之后，才能得到一个“入处”（破参见性），开了一线或乃至一瞬间的智慧眼之后，才去参访明师，求证他们的所见是否正确。如果正确，又是到了何种程度？请求下转语、抉眼膜，点拨指引，以期更进一层。然后栖隐于水边林下或深山幽窟，长养圣胎。及至大悟彻底，晴空万里，而且是“日日是好日”的程度，再返世间，普度有缘的众生。然而在今日的社会中，究竟有几人愿意为了这桩大事而花费数十年的时间，顺着这样的路子来走呢？能够为那些已得“入处”的禅者点拨指引的明师又在哪里呢？

因此，我以数十年来的修学所得，将修行的历程用三个阶段的方法，完成三个层次的进度。而且能在短时间内，达到修行者所能达到的目的。

集中注意力的阶段

一、为求身体健康和心理平稳者

教他们做若干柔软的健身运动，然后将全身肌肉和神经彻底放松。不限一定的姿势，可坐、可立、可行、可卧，如用坐姿则可任意采取双盘、单盘、散盘，甚至可用跪坐、跨鹤坐，以及在椅子上两足下垂的正襟危坐。教他们一个集中注意力的方法，通常是用数息，有时也用别的方法，使他们把散在外面的心收到一点上，也把杂乱的念头，集中在方法的一点上。此能使人减少肉体及精神上的压迫感，也能使得循环系统及神经系统得到舒缓而畅通的余地，所以对于慢性的身心疾病，有显著的治疗功能。但是我常强调："禅七不是为了医病，而在锻炼身心。"静坐可有治病的功能，却不能仅靠打禅七。事实上身心有病的人，根本不宜参加精进禅七。

二、为求锻炼身心者

打坐能炼身，是由于炼心的缘故。炼心又必须从克服身体上的痛、麻、酸的三重障碍，所以除了有定时的放腿和各种的运动方法之外，严格要求坐姿的正确度，尤其要求以最大的坚韧力来接受腿部及背部等的痛、麻、酸。基本的方法，也就是用数息来集中心念，通常数出息，必要时可数入息，心太散时可用倒数，或隔数倒数等。数息可以入定，可以忘却身心。如果痛得无法数息时，则将心念集中在痛的感受上，将痛观想成为局部化，再观想成为客观化。结果，痛至极点，不是转痛为凉，便是由于心念专注而失去了痛的感受，此时所感觉的便是舒畅、轻松、安乐，充满了喜悦，忘记了时间，一坐数小时，只似转眼间事。故在禅七期间，多用此法锻炼年轻的禅众。即使无法以接受腿痛来得到轻安等的觉受，也能将意志薄弱者炼成坚强，性情浮躁者炼成稳重，缺乏自制力和自信心者炼成有自制力和自信心。

心念统一的阶段

一、身心统一

用数息法，数至没有数目可数，也不觉还有没有呼吸，只觉得一片轻松、舒畅，不再有身体的粗重感或累赘感，故也不会想到身体的存在与否，但是对于周遭环境中的一切，都很清晰地感到、看到、听到和嗅到，只是心境不为所动。

二、内外统一，又分两个层次

1.由炼心的功夫而从自我身心为中心的自私感获得解放，视身外的每一事物，都是自己的一部分，一切的事物就是自己的全体。每一个人、每一个众生、每一棵树、每一茎草、每一片叶子，乃至每一滴水、每一粒沙，都好像是自己身上的四肢百骸或是自己身上的皮肤、细胞、血液与汗毛。因此而对身外的一切事物，产生美好、安详、宁静、和谐的感受，进而生起悲天悯人、民胞物与的情怀。

2. 由身心统一的境界，突然因念头或一句话、一个声音的促发，失去了身心的感受，也不见了处身的环境，仅感到一片澄澄湛湛、宁静无比、清凉无限的存在。或者只觉得是一片美妙无比、明朗无比、轻灵无比、广大无垠的存在。或者只觉得自己即是一种无限优美的音声，它来自无穷的远古，而又遍满于无际的空间。或者只是感到横遍十方竖穷三际的存在，无境、无影、无光、无音。或者只感到已得彻底的解脱，既无时间，也无空间，超越了时空，也超越了存在。可惜，尚有超越了存在的大解脱之感受在，所以并未真的得到解脱。

虚空粉碎的阶段

一般的哲学家、宗教家、艺术家等，大致只能达到“心念统一”的第一个层次，最多不会超越“内外统一”的第一层次。世间各大宗教哲学之中的印度教的某些大师及中国的老子，已到了“内外统一”的第二层次的某一程度，或最高程度，但仍不是究竟解脱。

禅的方法，便能超越世间定的极限。

当禅众修行某一种观法，确定已将心念集中到了身心统一的程度时，便可教授参公案、找话头的方法了。用参禅的方法，使修行者提起话头、激起疑情、形成疑团，将修行者全部身心投注进去，闷在一个大疑团里，坐也参、行也参、醒也参、睡也参、饮食也参、如厕也参，丝丝入扣、绵绵密密，水泼不进、风吹不入，称为功夫成片。一旦黑漆桶兜底脱落，疑团不见了，山河大地落沉了，无限的虚空也粉碎了，没有生也没有灭。此时发现以前的烦恼执着，不过是梦境，乃至苦苦地修行，也是多余的执着，因为本地风光，从来没有发生过任何事情。

可是，此种境界的维持，要看个人的善根与功力的深浅而有所不同，一悟便大悟彻底不再退失的人，实如凤毛麟角，极难遇到。经过数十年修行而开悟的人，功力自然较深，一次大悟之后，自可维持很长一段日子，如果继续精进，当可保持到死为止，仍能心不颠倒、意不贪恋、洒脱自在。如果仅在一次的禅七之初才开始用功，纵然于禅七期中开了心眼，恐怕只能维持数分钟，最多数小时之后，便会渐渐退失，而回到原来的心境。不过，开过一次心眼的人，哪怕只是电光石火那么短暂的一瞬间，已比从未开眼的人好得太多了。

我又曾用四句话，说明禅境的高低：

（1）澄澄湛湛；

（2）光音无限；

（3）一片悟境；

（4）虚空粉碎。

显然地，前三境均非见性，尚未到无念的程度，但是会有得未曾有的喜悦，并且喜极而泣、嚎啕大哭的现象，也有悲从中来，放声大哭或大笑的现象，笑过、哭过之后，身心便会感到落实轻爽，如释重负，性情可能因此改变，虽非见性，却是好现象。第四境时始为见性，无分别念，只有智慧的自然反映。

由于我用如此的层次，确切地指导修行，对于一个来打七的人，真的能以“大死一番”的决心，百分之百听从我的指导，对我教授的方法能有绝对的信心，再加上他自己的宿根，他便与佛有深缘，也就能够获大益。在七日之中，必可从第一阶段进步到第三阶段。

可是，对一个完全陌生的人，要生起绝对的信心，岂是那么容易？对于一个刚刚接触佛教或者从未接受过禅修训练的人，要求他一下子便做到丢掉过去又不思未来的所谓“大死一番”，也是困难的事！

（选自《书序》）

第五章

禅的入门方法

禅的修行方法，
原则上不出乎调身、调息、
调心的三要素，目的在于
调理身心，关键则不能离开气息
而谈身心的健康和统一。

气息和顺舒畅，心境才能平静安稳。

中国禅宗的修行方法，是顿超直入、不假次第的，不像印度的瑜伽及印度的大小乘佛教，均极注重修行方法的次第或步骤。尤其印度晚期的大乘密教，特别重视修行方法的传授，而且愈修愈繁复。事实上大乘密教的方法，大致与其他印度宗教所用的瑜伽法门，有很多雷同之处，精彩处是能以佛法的空智，化解了外道宗教的最高执着的神及神我，使一切方法皆成为成佛之法，道归佛法的大海。可是，密宗的修持方法，基本的，固然人人可得而修，愈向上乘，仪轨的学习与行持，便愈难，所以不是人人有时间和因缘去修持的。中国的禅宗，乃以“无门为门”，以没有方法为最高的方法，这对于根机深厚的人，或者以终其一生的时间来修行的人，只要能把自我中心的意识，渐渐化去之后，禅门自然会在他的面前大开。可是，对于绝对多数的人，只能站在禅门之外，揣摩禅境，或者仅能欣赏到禅者们自在洒脱的风格，却无从身历其境地来体验一番了。因此，中国的禅宗，后来被视为只有年轻利根的人才能修习。其实，修行的方法，无一门不是以禅定为基础的，也可以说，除了禅定之外，便没有修行的方法。所以，无论佛教或其他宗教，禅定是唯一的修行方法。因此，凡是主张以修行来达到精神和肉体之改造的，不论它是叫做什么，我们都应该将之列入禅的领域，层次虽各不同，基础是大同而小异的。

我是出身于中国禅宗寺院的僧侣，但我并不以为唯有禅宗的子孙才修行禅的方法，事实上在禅宗寺院出家的僧侣，也未必有多少人摸索到了他们主要而适当的修行方法。因此，中国的禅，虽以无门为门，我仍希望先让有心于修行的人们，从有门可进的基础方法学起，修学了一段时日，或者能够把心安稳下来之后，再教他们去寻找无门之门。若能先用修学禅定的方法，把心安稳下来，然后学不学中国禅宗的禅，无关宏旨；是不是称它为禅，也无关紧要。要紧的是在于能不能找到适合你并且是有效的修行方法。

禅的修行方法，原则上不出乎调身、调息、调心的三要素，目的在于调理身心，关键则不能离开气息而谈身心的健康和统一。以下，我们便就这三要素来谈修行禅定的基本方法。

调 身

一般所讲调身的主要方法，是指打坐的坐姿。可是，除了坐姿之外，应该还有行走、站立、躺卧等方法；在坐前与坐后，也当有运动及按摩的方法；乃至吃饭、解大小便，均宜有其方法。因为，我们的身心，若要它健康，必须动与静并重兼顾，所谓动中取静，又所谓静中之动。前者即是以运动及按摩的方法，使得血液循环通畅、气脉运行活泼、肌肉和神经松弛，才能使得身体舒适，即所谓气和而后心平。此所以印度的禅者，有瑜伽体操，中国佛教的禅者，有少林寺的拳法，道家丹道派的运动方法，尤其繁多，后来则演为太极拳。实际上，东方人的各种运动方法，大多与坐禅有连带关系，并且是为了坐禅的需要而有运动的方法，甚至运动的方法最初也是由禅者于修行之际，身体自然发生规律的柔软的运动动作而来，正像后世中国医术中的针灸原理所依的身体的经脉和穴道部位，最初也是从静坐运气之中发现的一样。现在许多人，将运动的拳法及针灸，与修行禅定分了家，这是不对的。

身体缺少运动，机能便易于老化和感染病痛，运动是使生理机能由紧张以后的松弛，能够得到更多的营养补给及休息的机会。禅者的运动方法，讲求心念集中、气息和顺，绝非后来演为技击的拳术可比；禅者的运动，本身就是修行禅定的方法。所以，我对调身的方法，是运动与打坐并重的。

运动的方法

我所教的运动方法，做的时候，都只需两公尺见方或一个人身的长度，乃至仅能容身坐下及起立的一小块空间就够了，而且不论男女老少、健壮衰弱，都可以安全地练习。但是为了学习的进度，我把它们分作几个阶段：

一、初级

也就是开始修习坐禅方法的同时，便教学生练习。

1. 头部运动

此在打坐以前，坐下之后使用。先将两手平置于左右两膝，勿用力，身体坐正，再做头部运动的四个方式：

（1）头向下低，再往后仰；

（2）头向右倾，再往左倾；

（3）头向右后转，再向左后转；

（4）头顺着时针方向，前、右、仰、左转，再逆着时针方向，前、左、仰、右转。每式身体不动，肌肉和神经放松，各做三到七次。动作缓慢柔软，眼睛睁开，呼吸自然。头部运动的目的，在于使头部血液减少，降低思潮起伏的动力，使头脑清新，渐渐宁静。

2. 全身按摩

在打坐以后，站起之前，搓热两掌，先用拇指背轻轻按摩双眼，依次用双掌按摩面部、额部、后颈、双肩、两臂，乃至手背、胸部、腹部、背部、腰部，再下至右面的大腿、膝盖、小腿，左面的大腿、膝盖、小腿。此一自我按摩的运动法，能使因初学坐禅而感到的疲劳完全消除，身心感到柔和温暖与舒畅。唯其在按摩时，必须将注意力集中于掌心或指头。

3. 瑜伽柔软运动

此略。

4. 走的方法

坐禅久了，腿感到不习惯时，不妨用走的方法来调摄身心。

（1）快走，中国禅堂称为跑香，顺着时针方向，在禅堂内，左臂甩、右臂摆，老弱者走内圈，健壮者走外圈，愈走愈快。此时修行者的心中，除了走得更快的感受之外，不应有任何念头。

（2）慢走，佛教的名词称为经行。我教的是极慢经行，注意力集中在前脚掌心，右手轻握拳，左手轻抱右拳，提举于腹前，离肌肤一指节。如果会用心的话，快走慢走，都能使你失心入定。

5. 站的方法

两脚分开约等于自己一只脚的距离，将上身由头至小腹松弛、变轻，让重心和重量的感觉落到两脚的前掌。

6. 卧的方法

（1）右侧卧是最好的方法，所以名为吉祥卧，它能使你少梦、熟睡、清醒、不打鼾、消化良好、不遗精。

（2）仰面卧，宜用于短暂的休息，把全身肌肉放松，不用一丝力量，即能很快地消除疲倦；如果用在终夜的长睡，这就不是最好的方法。

7. 日常生活的方法

禅宗常讲：吃饭、洗碗、屙屎、撒尿、担水、砍柴等日常事，无一不是禅，涵义极深，非真得悟境者不易明白。在起初学禅的人，若能在做任何事的任何情况，都能心无二用、不起杂念地把注意力集中的话，虽不能即入禅定，也可使你的工作效率提高，生活得充实和稳定了。

二、中级及高级

坐禅的训练，与运动的方法有连带关系，训练愈久，运动的方法也随着增加其项目。因为本文仅供参考，不是用作教材的，提供了初级的方法，对于从未学过的读者，不妨练习，一定有用，但也未必能练得很好，因为动作姿势的正确度无人从旁给你指导的缘故。中级和高级的运动方法，有站的、有坐的，也有躺卧及倒立的等等。当然，禅者的运动，以缓慢、柔软、安定、安全为原则。

坐禅的姿势

坐禅的姿势，是印度古修行者所发现的，传说是古仙人经过无数的困难，修道仍不得道，后来发现雪山深处的一群猴子，正在用坐禅的方法修道，古仙人模仿着坐了之后，便成道了。以常情而论，猴子不会坐禅，其他的动物，也没有坐禅的体形条件，动物之中，唯有人类才有坐禅的条件，那个传说，只是在无法从历史记载中找到根源的印度人所讲的涵义深长的故事，意谓虽然心的轻举妄动而如猴子，也有坐禅的必要和可能。

那种坐法名叫毗罗遮那的七支坐法。

气息和顺舒畅，心境才能平静安稳。

一、七支坐法

1. 双足跏趺

此有二式：

（1）通常是以左脚在下，右脚置于左大腿上，再将左脚置于右大腿上，称为如意吉祥坐。

（2）或将右脚在下，左脚置于右大腿上，再将右脚置于左大腿上，称为不动金刚坐。

这两种坐法，对于年长的人及初学坐禅的人，并非人人能够做到。

如意吉祥坐

不动金刚坐

2. 背脊竖直

挺起腰干，勿挺胸部，头顶向天垂直，下颚内收，颔压喉结。

3. 手结法界定印

两手圈结，右手在下，左手在上，两拇指相结成圆圈形，轻轻平置于丹田下的胯部。

4. 放松两肩

将两肩肌肉放松，自觉如无肩无臂无手的状态。

5. 舌尖微舐上颚

门牙上龈的唾腺处，不可用力，若有口水则缓慢咽下肚去。

6. 闭口

无论何时，只用鼻息，不可张口呼吸，除了有病在鼻。

7. 眼微张

视线投置于身前二三尺处的地上的一点，不是要看什么，只因睁大眼睛时，心容易散乱，闭起眼睛时，心容易昏沉。如果睁眼过久，觉得劳倦时，不妨闭一会儿。

对于七支坐法的次序和内容，各家的看法也不尽相同，有的人将调息及调心的方法，也合在七支之内，本文则为了便于分类介绍，故仅将调身的部分作为七支的内容。

二、其他坐法

由于初学坐禅的人，不一定能够跏趺坐，对于从未学过打坐的人，一开始便要求双腿结跏趺坐，也是不合理的，甚至也会因此而把许多希望尝试打坐的人，阻挡在修道的大门之外。现在我给初学的人，介绍由难而易的其他几种坐法如次：

1. 半跏趺坐

不能盘双腿的人，或者双腿盘久了，觉得疼痛难忍之际，不妨把上面的一只脚松开，置于另一只小腿的下面。或者一开始仅将一只脚，置于另一边的大腿上。左脚在右小腿之下，或右脚在左小腿之下，均可。

半跏趺坐

2. 交脚坐

两脚均置于地，向内向后收，结果，两脚掌向上，置于两小腿乃至两大腿之下。

交脚坐

3. 跨鹤坐

又名为日本坐，因为迄今的日本人，在日式的室内的正式坐姿，仍是用这种方式。即是双膝跪下，两脚的大拇指上下交叠，将臀部坐落在两脚跟上。此种坐法，在中国古代未用高椅高桌之时，普通人在正式场合，也是如此坐。

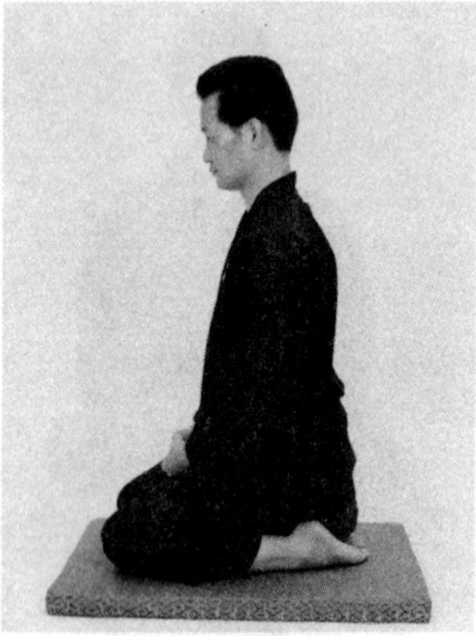

跨鹤坐

4. 天神坐

左脚坐如半跏式，曲向内，置于身前。另一脚，曲向外，置于身后侧。迄今南传上座部佛教徒，席地闻法时多用此式，乃至坐禅时的初步坐法，也用此式。

天神坐

5. 如意自在坐

此式系模仿佛陀八相成道，自兜率天下降人间之前的坐姿，左脚坐如半跏式，曲向内，脚跟置于会阴前，右脚垂立、曲膝置于右胸侧，左右两手平覆分置于左右两膝。

如意自在坐

6. 正襟危坐

以上各种坐法均系席地而坐，此式则坐于与膝同高的椅子上或板凳上，两脚平放于地，两小腿垂直，两膝间容一拳的距离，背不可依靠任何东西，仅臀部坐实，大腿宜悬空，与小腿成一直角。

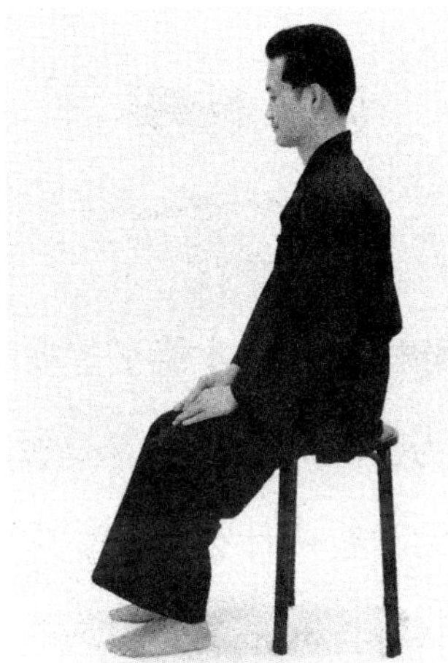

正襟危坐

以上六种，除了坐姿不同及如意自在坐的手姿不同之外，其他均用七支坐法的第二至第七项规定的标准。当然，功效最大最快而且能够经久稳固的坐姿，仍以最难的跏趺坐，最为可靠。因此，初学的人，尽可用你觉得最舒适的坐法，以不让自己产生畏惧心为原则，渐渐地试着用较难的坐法，是有益无损的。

调息和调心

气息和顺舒畅，心境才能平静安稳。心情与呼吸的关系是极为密切的，并且，要想调心，必先从调息入手，不论管它叫什么名字，中国的道家、印度的瑜伽、中国藏传的密宗、中国的天台宗等，讲到修行禅定的次第，必定重视呼吸与气的问题。因为人体生理的动静以及心理的动静，与呼吸的气和息，有着依存关系。就原则的定义而言，“呼吸”，是指普通人每分钟十六到十八次的出入息。修行者的呼吸在渐渐地缓慢深长微细之时，称为“息”。由于息的力量，推动血液制造能源，由能源产生赋活生理机能的作用，称为“气”。当修行者感受到由气所产生的作用时，称为“觉受”。有了觉受经验的人，便会觉得坐禅对于他们，确是人生的一大幸福和恩惠了。

一、呼吸的方式

呼吸的方式，大致上可分成四类：

1. 风

在激烈的运动之时，或者刚刚做完激烈的运动，如打篮球、踢足球等时，呼吸的速度及强度如刮风，均不宜打坐。

2. 喘

在感到恐惧、紧张、病痛、虚弱、兴奋、疲倦之时，必定情绪低落，心神昏暗，也不宜打坐，要躺下或坐下休息而至平静舒畅之后，始可打坐。

3. 气

是指普通人的平常呼吸，每分钟十六至十八次呼吸，而自己可以听到呼吸声。此为初心打坐者最低的要求，也是安全的呼吸的速度。

4. 息

此又可分为四等：

（1）鼻息

打坐时用鼻孔呼吸，是基本的方法，最初的速度也是每分钟十六至十八次。与气不同者，是听不到呼吸声，呼吸是平常的速度，所以吸气及呼气，主要是靠肺的自然的律动，不得以注意来控制它，否则速度快了，会头晕，慢了会胸闷。如发觉呼吸有困难，例如头晕或胸闷之时，当注意调息，宜以四秒钟左右作为一呼一吸的时间长度，最有效。

（2）腹息

仍用鼻孔呼吸，但其呼吸的重心不在肺部，而在小腹部了，初学时不宜勉强用控制及压气的方法，把吸入的空气逼入丹田（小腹部）。通常学打坐的人，经过一段时日之后，呼吸气必然自动地通过横膈膜而到达丹田，那时，修行者的身心，会突然感到轻松舒软起来，呼吸也愈来愈慢，愈来愈长，愈来愈深，愈来愈充足，不仅感到肺部充足，丹田充足，乃至全身的每一个细胞，都感到充足。渐渐地呼吸的自然律动，不在肺部，而在小腹了。但那不是把小腹隆起，而是以小腹取代了肺部的功能。

（3）胎息

胎儿在母胎内时，不用鼻孔呼吸，是以与母体相连的循环系统来呼吸。修行禅定的人，由于腹息的更进一步，便不用鼻孔呼吸，每一个毛孔，都可能成为呼吸器官。此时脉搏，若有若无，但其仍须仰赖体外的氧气来补给身体的所需。此时以大宇宙作母胎，自己的身体即是胎胞中的婴儿。

（4）龟息

动物之中，有的乌龟，寿命极长，甚至将其埋入地下数百年，无饮食，无空气，也能继续活下去。打坐而至第四禅的程度，自然不需呼吸空气，甚至心脏也停止跳动，不同于已死的尸体之处，乃在于不腐臭烂坏，其生理组织仍是活着的人。

此便介于胎息与龟息之间，定力愈深，则愈近于龟息乃至全住于龟息的状态。此时，修行者的身体，已自行形成了一个个别的小宇宙，以其体内的气或能的运行，自给自足，不必再从体外吸取氧气来供给体能的消耗了。当然，初学打坐的人，不可好高骛远、操之过急，应该先把鼻息练好，再能到达腹息，已不错了。

二、调息的方法

调息的方法，在中国的道家，称为“吐纳”，纳天地日月之气以养生，吐身内的混浊之气以保命，乃是修炼丹道的方法。印度的瑜伽行者，特别重视各种呼吸法的锻炼，且以生命能之产生与超常能或绝对能（与神合一的自然大能）的引发，就是要用呼吸的方法作为重点的训练。佛教修行的起点，与外道无多差别，所不同的是，调息是入门方便，并不以调息为根本法门。调息的目的，在于调心，心既调伏之时，有没有呼吸的方法，便无关紧要了。

我所教的调息法有两类：

1. 数息

在数息之前，先做深呼吸三次，深呼吸时，将两手置于小腹，先用鼻吸第一口气，引入小腹，使小腹隆起，再收小腹，继续吸气，使肺部隆起，肩微耸，尽量吸入，然后闭气十五秒钟，才慢慢地把气用口吐出，同时身子下弯至不能弯时为止。三次深呼吸后，把姿势坐稳，开始数息。数息也有数种不同的方法：

（1）顺数

又有两种，一是数出息，这是通常用的一种，把注意力集中在数出息的数目上，每呼出一口气，数一个数目，数到第十，再从第一数起，反复连续地数下去，数到心无杂念之时，身心便有异常愉悦的感受出现了。二是数入息，方法与数出息相同，只是把注意力集中于入息的数目上。由于通常人的呼气较慢，所以数出息，较易阻止杂念的入侵。

（2）倒数

当修行者，用顺数之时，渐渐变成机械化，心中把数数目变成了无意识的或下意识的行为之时，杂念便趁机活跃起来，所以不妨把数目倒过来，从十、九、八……而至一。

（3）隔数

倒数又成了机械化时，不妨顺着数单数或双数，单数数到第十九，双数数到第二十。也可以倒着由第二十起数双数或由第十九起数单数。

2. 随息

当以数息的方法，修行到了杂念渐渐减少之后，便可把数目省掉，但将注意力集中在呼吸的出与入上面，对于每一呼吸的出与入，都明明白白。此亦可分两种：

（1）随鼻息

注意力在鼻端，感受呼吸的出入，不用注意呼吸到达的部位及处所，但要你达到呼吸与心，相契相忘的程度就好。

（2）随息想

每吸一口气，便想："一口吸尽千江水"，每呼一口气，便想："一口吐出万里山。"将自己的身心，随着呼吸的出入，而与外在的山河世界，连接起来，打成一片。当然不是要你吸入的都是水，吐出的全是山，而是要你把内在的身心和外在的世界，随着呼吸的出入而融和为一个全体。其实，这已是从调息的范围，跨进调心的领域中了。

三、调心的方法

佛法被称为内学，所以佛所说的一切法，无一法不是教众生向己身的内心用功夫的调心方法。佛法的总纲，称三种无漏之学，那就是戒、定、慧。其中以禅定为修道的根本方法，戒是修道的基础方法，慧是修道所得的效果。如果没有戒所规定的有所不得做及有所不得不做的生活态度，修定就无法成就；纵然有了成就，也会落于邪道而自害害人。所以戒是道德规范的佛教教义，也是调心的基础方法；作为哲学理论的佛教教义，是由调心方法所得的结晶。本文的重点，则在于说明修习禅定的方法。

以修道的立场而言，不可以说唯有修禅定才是修道，修禅定则确是修道的主要方法。调息为修定的入门，调心则是修定的主要方法。佛的十大德称之一，名为“天人调御师”，意即是他已是天及人类之中的一位将心完全调伏和驾御了的人，也是天及人类之中最能帮助众生调摄身心的一位大师。从修禅定的方法而言，调心可以用如下的数类观想：

1. 观想身外的东西

挑选身外的任何一物，作为集中心念的对象；或者以分析身外的任何一事一物，作为转变心念的对象。前者如月观及日观，后者如因缘观及不净观。

2. 观想地、水、火、风的功德

将自己的心，观想成地、水、火、风的任何

一种功德，化除烦恼妄想，进入凝然不动而又朗朗清明的定境。例如地能化腐朽为神奇，容受一切而又生长一切，然其本身始终寂然不动。水能洗净诸垢，汇百川成大海，滋养万物，变化万象，而又不争功、不诿过。

3. 以身体的官能接受身外的对象

用眼看颜色及形状，用耳听各种声音，用鼻呼吸，用舌舐上颚，用身体感受粗细及冷暖等。其中以用鼻呼吸的方法最基本有效，眼睛看及耳朵听，最好要有老师指导得法，始能安全有效；舌舐上颚是打坐的基本要求；全身的部位太多，初学时不易用上力量，仅以观想冷暖或热的感受，也容易发生不能调和的毛病。

4. 观想身内的五脏

中国的道家用金、木、水、火、土的五行代表五脏，所作的五行归一而观想丹田的方法，或以五行相济相生的方法，导引脏器的功能，增进肉体的健康。印度的瑜伽所说的六个或七个脉轮(chakras)，也是以五脏为主的观想法。

5. 观想身体的某一部位

如观想眉心、鼻端、脚心等。初学打坐的人，若没有明师指导，大概只能以修数息法来调心，也可以用随鼻息法；为了安全可靠起见，最好还是由已有经验的人指导。至于其他各种如上面所介绍的方法，若未经有经验的人指导，最好不去摸索，所以本文也未作明细的说明。这是技术的问题，仅靠书面叙述的来练习的话，是不够安全的。

我在美国所教的初级班，仅教一或两种调心法，上完中级班，可能已学到六或七种调心法；但是能够每种都学得有效的人，并不多见，原因是打坐的基础不够，光学方法没有用处，学了若不勤练，也没有用。练习之时，发生了困难，有的可以自行解决，有的则必须老师指导，始能克服。

四、调心的历程

我们的心，经常处于两种极端的状态之下：精力充沛之时，思绪极多，不易安静，更不易凝定，否则，在无事可做之际，就不会感到寂寞无聊；在精力疲惫之际，便会陷于困顿，陷于晦暗、昏沉呆滞，否则，在工作了一整天之后，就不会需要睡眠。前者病在散乱心，后者病在昏沉心，此两者是修习禅定者的大敌。轻微的昏沉，有法对治，比如睁大眼睛，注意力集中于眉心等法，用之可以见效；重昏沉则唯一的最佳方法是干脆闭上眼睛，睡一会儿。大多数的调心方法，是用来对治散乱心的。我将调心的历程，分作七个阶段，以数息作例子，用符号来表示其心态如下：

1. 数呼吸之前，没有集中心力的对象，心念随着现前的外境，或回忆过去、或推想将来，不断地、复杂地、千变万化地起伏不已、生灭不已。

2. 数呼吸之初，数目时断时续，妄想杂念依然纷至沓来，但已有了集中注意力的主要对象。

3. 数呼吸之时，数目已能连续不断达十分钟以上，但是仍有许多妄想杂念，伴着数息的正念。

4. 数呼吸之时，正念不断，杂念减少，偶尔尚有妄念起落，干扰正念的清净。

5. 数呼吸之时，唯有清净的正念，不再有任何妄想杂念，但仍清清楚楚地知道，有能数呼吸的自我、有被数的呼吸、有用来数呼吸的数目。实际上，虽到如此的心无二用之时，依旧至少还有三个连续的念头，同时活动着。

6. 数呼吸，数到把数目及呼吸都忘掉了，感到身、心、世界的内外间隔没有了，人、我对立的观念没有了，客观与主观的界限没有了，那是一种统一的、和谐的、美妙的无法形容的存在，那是充满了力量和愉快的感受。此时，至少尚有一个念头在，也唯有到了此时，始为与定相应的现象。

7. 数呼吸，数到身、心、世界全部不见了，时间与空间都粉碎了，存在和不存在的感受消失了，进入了虚空寂静的境界，那是超越了一切感觉、观念的境界。我们称之为悟境。没有符号能够表示，一切语言、名字、形相，到了此处，均无用武之地了。

以上七个阶段，第一是散乱心，由第二至第五是集中注意力的过程，第六、第七是定境与悟境。若细论，第六尚不是深定，而是一般宗教家、哲学家，乃至艺术家，都能多少体验到的所谓天人合一和与神同在的冥想。

五、杂念、妄想、念头

从修行禅定者的体验而论妄想、杂念与念头，也大有分别说明的必要。大致上，妄想杂念，可有两类，一是粗重的，一是细弱的。粗重的之中，又有杂乱无味而且不连贯的，名为杂念，有条理的则名为妄想。细弱的之中，又有容易察觉在动而未必有意味的一群波动，仍称妄念，以及非在相当宁静时不易察觉的一个一个的波动，任何一个波动，都无法代表任何意味的，便称为念头，若用线状的符号加以说明，也许是这样的：

1. 杂念群：
2. 妄想群：
3. 妄念群：
4. 念头群：
5. 定　境：————————

其中的念头，起灭极为迅速，坐禅功夫相当好的人，能够发现在一秒钟间，有十来个念头。对治杂念妄想的最好方法，便是“不怕念起，只怕觉迟”。

当你发觉你有杂念妄想时，那个杂念妄想已经过去，不要再为它而烦恼。勿怕杂念妄想打扰你，如果你老是为着杂念妄想之像五月的苍蝇，挥之不去而烦恼，那会为你带来更多的杂念妄想。应该知道，当你能够发现你有很多的杂念妄想之时，正可证明你在调心的功夫上，已经有了相当程度的收获。

（选自《禅的体验，禅的开示》）

第六章 禅坐的基础方法

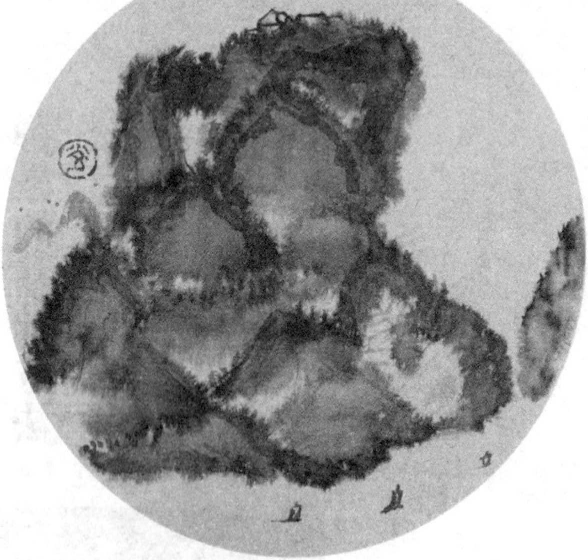

打坐时，身体上
一定会有不舒服的感觉，
能不注意它是最好的办法。

身心合一、心口合一。

如何使用方法

一、放松身体

1. 头部

（1）眼睛不用力就是放轻松，无论是睁眼或闭眼，不用眼球看，不用眼珠想。

（2）脸部肌肉松弛，从心里有股安定的喜悦生起，表现在脸上，有松弛的感觉。如果脸部的表情僵硬或者拉长脸，乃至于故意假装笑脸的样子，都是紧张而非放松。为什么会紧张呢？例如：恐惧、忧虑、动脑，或用脑过度、兴奋、得意。若能心平气和，就不会紧张。

（3）头不紧张，特别是前额。脑门要放轻松，不用头脑想或注意，而是以轻轻松松的态度数呼吸。

2. 身上肌肉、关节、神经、骨骼，要全部放松，除了臀部有重量的感觉以外，没有其他地方觉得有重量，任何地方都是非常地轻松。

3. 腰挺直以后，小腹放松，腰也没有紧张或有重量的感觉。

二、用方法的目的

用功打坐是能将心中的妄想杂念沉淀下来，一心一意地用方法。什么是方法呢？就是能使我们身心放松、安定，妄念渐渐减少。什么是妄念？就是胡思乱想或是杂念。例如：不要想的事情偏偏在想；

身心合一、心口合一。

不希望出现的念头又不听使唤地出现；念头混乱不统一，这就是妄想。要达到没有妄想杂念确实不易，因此必须使用方法。第一，注意鼻孔呼吸的出入；第二，从一到十，数呼吸出入。如此用方法，心才有所寄托，杂念才会愈来愈少。

三、数息的方法

1. 注意呼吸：

仅注意呼吸从鼻端出入的感觉而不数数目。这种注意呼吸的出入，尚会打妄想，因此须数呼吸的出入。

2. 数呼吸的出入：

（1）先感觉呼吸是从鼻孔出入。

（2）气从鼻孔出去时，就数一个数字，吸气时不管。

（3）当数目出来时，心念就贴在数目上，一直跟随到第二口气出去时，再数第二个数目；如此一口气一口气地数，数到十再从一数起。

（4）数呼吸时不要经常去注意呼吸。仅仅是在呼吸时，知道鼻孔有气息的出入，然后就不注意鼻孔，而将注意力转移到数目上，将心念贴在数目上。

（5）数数目时，可以有声音的想象，不可有数目“字”的形象。

（6）不用头脑很紧张地数数目，而是用“有心无心”的心去数。

身心合一、心口合一。

四、数息易犯的毛病

1. 不易数好。

2. 有些人数不到几个数字，数目就数乱了，甚至数忘了。

3. 有些人数超过十还不知道已经数过头了。

凡是类似以上情况者，须从“一”再数起。

4. 数呼吸时，产生胸闷、头痛，其主要原因是：

（1）用头脑想。

（2）呼吸忽长忽短。

（3）控制呼吸的速度（快、慢），以防杂念出现。

（4）闭气。

（5）腹部肌肉紧张。

五、数息的益处

1. 数息安心。

2. 数息去妄念。

3. 数息能逐渐将杂念、妄想、散心很快地平静、安定、稳定下来。

4. 数息能使心一片清净、明朗。

六、对初学者的忠告

1. 不可好高骛远、起贪心，不可希望一下子就没有妄想、杂念。

2. 必须付出耐心练习相当长的时间，才能将混乱的心安定下来。

身心合一、心口合一。

七、数数念佛

1. 念佛时不注意呼吸及其他任何事物，只注意自己在念佛。

2. 念一句佛号，数一个数目：南无阿弥陀佛一，南无阿弥陀佛二，南无阿弥陀佛三……南无阿弥陀佛十，再从南无阿弥陀佛一念起、数起。

3. 数数念佛时，会依然伴随着妄念，没有关系，知有妄想是正常，不跟妄想跑就好。

4. 心不要急躁，一发觉有妄念，赶快将注意力放在念佛的数目上。

5. 头脑里不要出现数目“字”的形象，但可以有默念佛号及数数目的声音。

八、何以要数数念佛

1. 佛号单纯易念，不似数息复杂。

2. 数息时，若控制呼吸，则会产生胸闷、头痛的现象，数数念佛不注意呼吸，所以没有这种问题。

3. 一般人的心较混乱，可以一方面念佛，另一方面胡思乱想，易于养成散乱心念佛。若数数念佛则较易发现妄念。但是如果和数息比较，则数息又较数数念佛，更易于察觉到妄想杂念的浮动。

所以不会数息，又感觉到数息数得很痛苦的人，可以改用数数念佛的方式，否则，还是以数息方法较好。

如何处理打坐引起的身心反应

打坐时，身体上一定会有不舒服的感觉，能不注意它是最好的办法。背痛或许是感冒引起，腿痛、腿麻、腿酸，乃练习不足之故。腰酸、颈痛等，都是正常的现象，最好不要管它，如果没有办法不管时，可以轻轻地动一下，但不可有太大的动作，更不能时常移动身体，否则是愈动愈痛，造成心里不安。因此，要随时练习着注意方法，而不管身体上的感觉。方法就是上面所提的：放松身体、放松头部、数呼吸或数数念佛。这些方法用上力，就没有身体不舒服的感觉来扰乱你打坐了。

日常生活中如何禅修

一、身心合一

身体在哪里，心就在哪里；身体在做什么，心就在做什么；手在做什么，脚在哪里，你的心就在哪里——身心不可分离，身心一致。例如：

1. 在厨房中烧水、挑水、拣菜、切菜、洗菜，心就放在动作上，心中不起其他念头。

2. 如果在炒菜，手在动，心也要专心地在炒菜，头脑里没有其他的杂念。

3. 如果喂小孩食物、饮料，则一心一意地只想到喂小孩牛乳等食品，而没有其他的念头。自己的头脑非常地清楚、轻松、愉快。

先计划知道要做什么，如果已经计划好的事情，在做的时候就不须用头脑想了，特别是在平常生活之中，有些是经常性的动作，譬如：漱口、刷牙、刮胡子、洗脸、穿衣服等动作，不知做过多少次了，就不必用脑思考。但是要思考的事就必须思考，若不须思考之事则不必用脑想了再做。

往往有些惯性的动作，不须加以思考，一般人就胡思乱想地想其他的事。其实根本不用乱想，只要很清楚地知道自己在做什么。譬如：扫地时，一扫把一扫把地扫，而且扫得很清楚，洗碗筷、吃饭等都应如此。

但是，第一次做的动作或处理事情，或者是对动作及事情根本不熟悉，首先必须思考，然后再想一想怎么做。正在做的时候，如果不清楚时，还是要想。这样就不会动妄念，而且是一心一意地在做工作。

例如：一位母亲剪了一株花拿在手上，思考着如何将花插在什么位置较适宜，然后再小心翼翼地插好，在此过程中就是心无二念，不是在打妄念。反之，如果对剪花、插花的动作太习惯，结果手上拿了花，心里却在想着："小孩在那边做什么？嗯！奇怪呀！为什么他那么安静，到底他在干什么？咦！小孩在动了，他走路的声音为什么那么响呢？"请问这是不是妄念呢？是妄念。所以做任何一件事，均应将心放在那件事情上，心为那件事在做，就是正念而非妄念。因此，要经常保持身体的动作和心的念头在合一的状态。

身心合一、心口合一。

二、心口一致

譬如：我正在说话，一句接一句地讲给你们听，结果我脑中却又在想另外一件事，请问我是不是会语无伦次？当然会，因为口说心想，根本是两回事。如果正在讲这一句话，结果心里在想刚才讲的第一句、第二句话，这也就是在胡思乱想。

因此，说一句话就是这一句话，说什么事，就是什么事，很清楚地知道自己在说什么；讲完一句，下一句话自然出来，不过在讲话以前，先考虑要说些什么，不是想讲什么就随便脱口而出，那就变成胡说八道，根本不知道自己在讲什么；或许也没什么话可讲，就是想用嘴巴不停地讲，这就是妄想，不是心口一致。

心口一致必然知道自己要讲什么，表达出来以后也是清清楚楚的，这是修行人对自己身体的动作、语言的行为，都了解得清清楚楚，如此就不会做错事、说错话了。

三、心眼一如

胡思乱想的人可从其眼神窥见，因为眼神飘忽不定，心中无主。不知看什么，表面上好像什么都看，事实上没有集中焦点的对象，更不明白自己的眼睛为什么要看，就是不知道将眼睛定在何处，只是脑中的思想不断地动，所以眼神也似幽浮般地飘动。因此之故，可从人的眼神中，观察出此人是否思想集中、稳定。

在日常生活之中，要对自己的任何一个动作全部负责，也就是“一步一个坑”，脚踏实地，步步为营。走路步步为营，讲话也是步步为营，任何动作都该步步为营。不是杂乱无章，不是东一榔头西一棒，而是要身心合一、心口合一。

少一些妄想，加一点正念，则智慧日增，可开慧眼。慧眼开了，必然是烦恼和困扰的消除。唯有心得稳定，才能减少烦恼。唯有练习身心合一、心口一致，则心中的烦恼必然日减。当外在的境界扰乱时，你只要注意自己心里在想什么，眼睛在看什么，耳朵在听什么。如此，注意观看、听闻等，烦恼就不存在，结果是该听的听到，该看的也看到。

譬如：对方打来一拳，如果注意对方打出来的动作以及自己被打的感觉，那么心里就不会起烦恼。如果听到别人骂你，清清楚楚地听到声音在骂，也知道自己是被骂的人，这时心中没有烦恼。但是如果你心中起了波浪——我为什么被骂？他为什么打我？如此想的话，烦恼一定会展现出来，因为注意对方的缘故。反之，清清楚楚地注意自己的心念，则烦恼必定不存在。

（选自《禅的世界》）

第七章

禅修的要领

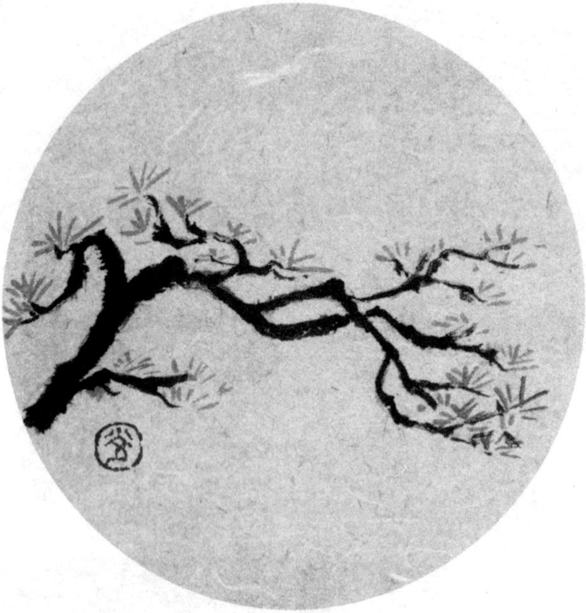

正在禅修中头脑虽无妄念，
还是要有正念，那便是不离方法。随
时随地注意你的正念相继，身与心合，
忘却身心而只有方法。

用宁静的心，向内心的深处观照。

身心放松

禅修者的第一个条件，是把身心放松。

头脑放松、神经放松、肌肉放松；放松之后，再用方法，便能着力。

用方法时不要紧张，有意无意把注意力放在方法上，这样，就不会消耗太多的体能。

禅修期间，一天能有五六个小时的睡眠是足够的。除此之外，饭后会有一些昏沉，那是因为胃部正在消化，头脑血液不够，请诸位不必担心。

我有一本在英国伦敦出版的书 Catching a Feather on a Fan，它的意思是用扇子来接羽毛。做这事不能急，而且要非常小心。当你的心放在方法上时，就像把羽毛放在扇子上，不是用扇子搧羽毛，而是用扇子轻巧地接着羽毛，慢慢地移动。这样，在扇子上的羽毛是不会动的。不会用方法时，好比拿着扇子在羽毛后面追赶，那么，羽毛永远在空中飞舞，不会停留在扇子上。因此，如果以紧张的态度用方法时，就会愈来愈累，妄念也愈多，心自然无法安定。请诸位能够好好地体会以怎样的态度用方法。

诸位要用悠闲的心情，来努力用功；这两种心态本来是不相同的，但是，禅的修行就是在练习着如何付出耐心，若以轻松自然的心情用方法，很快地就能进入安稳的状态。用方法时，不要担心妄想及昏沉，知道有妄想和昏沉时，回到方法上就好。

正在禅修中头脑虽无妄念，还是要有正念，那便是不离方法。随时随地注意你的正念相继，身与心合，忘却身心而只有方法。

关闭六根

我们有眼睛、耳朵、鼻子、嘴巴、身体、心，但是，在禅修期间，除了用鼻孔呼吸、用嘴巴饮食、用眼睛看示范的动作、用耳朵听老师的开示、用身体禅修、用心思惟观照之外，其他的要关闭六根，一切不用。

六根勿被六尘干扰，六识勿向心外缘境。当时时用心眼看你自己在用方法，当时时用心耳听你自己正在参话头或在数息或在念佛的无声之声。

佛教自称为内明之学，要我们用宁静的心，向内心的深处观照。

向内用功的第一步，是用眼、耳、鼻、舌、身、意的六识，而不用六根。如果能够只用第六识，就不会受环境的影响。这样外边的景象、音响、身体的痛、痒、不舒服等，也不会麻烦到你了。

心向外时，只能看到听到很少的东西；心向内时，才会经验到无尽长的时间及无限大的空间是什么。

用宁静的心，向内心的深处观照。

四种方法

禅修的方法略有四种：

一、随息、数息

随息有随鼻息及随腹息：随鼻息只注重呼吸从鼻孔出入的感觉，不注意呼吸的长短深浅，也不注意其他的东西；随腹息是注意小腹随着呼吸的自然蠕动，不控制呼吸，也不用心念指挥小腹蠕动。但是，随鼻息及随腹息，不能两者并用，只能专注其中一种。随息法也有深浅，深时便是入定，浅时则不能觉察妄念，同时容易陷于昏沉，但是可以使浮动的心安定下来。

数息乃是数鼻孔呼吸的出入，可以数出，也可以数入。通常是数出息，因为常人的出息慢而入息快。如何数法呢？出息一次，数一个数目，从一数到十，再从头数起。入息时，只注意出息的那个数目是什么？如果妄想还是很多，也可以倒过来数，从十数到一，或者二十数到二。但是，十数到一是一个个地数，二十数到二，是一个隔一个地数，甚至于双数及单数交错着用，第一次数二十、十八……二，第二次数十九、十七……一，因为忙着数数，妄念自然减少。

有些人，数到三、四、五、六就数忘掉了，也有人可能数过了头，这都不要紧。数忘或者数错时，赶快回头，不要有成败得失心，这就是修行。有位数学博士跟我学打坐时，不是数不到十就是数过了头，他感到十分懊恼无奈，他有点失望地说："我这个数学博士大概有问题。"我对他说："数息不是做数学题目的论文，仅数到五再回头数也可以的，不要失望，只要心中的妄念愈来愈少就好。"

二、念佛、数佛号

有些人，不习惯用数息法，数呼吸时变成控制呼吸。因此造成头发胀、胸部闷、身体疲累、肌肉紧张，非常痛苦。这时候，就教自己用念佛的方法，念"南无阿弥陀佛"或"南无观世音菩萨"都可以；念一句圣号，数一个数目，例如"南无阿弥陀佛一、南无阿弥陀佛二……"从第一个数目数到第十个数目，再从一数起，不要数得不够或过了头，数错了则不必介意，只要从头数起就好，也不要配合呼吸。

数得太慢会打妄想，数得太快会使呼吸急促。

三、参话头、参公案

“话头”是一句话，这句话本身没有意义，而只是问这个没有意义的话头是什么。“公案”是禅宗史上的祖师们及其弟子们，发生酬对情况的故事。这些故事，看来有些岂有此理地不合一般的情理。“参”是不断地问话头、问公案，究竟那句话代表着什么？公案主角的内心到底发生了什么经验？

参话头是追问一句毫无意义的话，譬如说：“无”是什么？什么是“无”？参公案是追究这个故事的底蕴是什么，就像曾经有人问赵州从谂禅师：“狗子是否有佛性？”赵州禅师回答：“无！”而佛在《大般涅槃经》中说：“一切众生皆有佛性”，何独赵州要说狗子无佛性？因此，这个公案便成了没有答案的话题，不论是参话题或者参公案，本身是没有意义的，那只是一种使禅修者开悟的方法。

当在用功参话头或在参公案时，出现了任何答案，都要提示你自己：“这不是我要的。”才能参出疑团，才有机会参破疑团。

参话头或是参公案得力，称为禅修。但是禅修的人，切忌急着求开悟。要把参禅的功夫，用得绵绵密密，一句接一句、一念连一念地参下去。刚开始参话头参公案的人，常常会出现答案，其实，那是妄念，不是真正的讯息。参话头参公案，首先要参出疑情，渐渐形成疑团，当疑团爆炸，或是戳破疑团，才发现天下本来太平无事，只是迷者自寻烦恼，此时便悟真性。

话头人人可用，不过，可有四个层次：念话头、数话头、问话头、参话头。念话头如同念佛号，数话头就像数佛号，问话头就像问问题，参话头则必须等疑情出现。疑情不是怀疑，而是深信在话头的深处或在话头出现之前，必有可以让念：什么是无？是什么无……渐渐地，感觉到这个“无”很有意思，它究竟是什么东西？很想知道它！这时候，便会产生疑情，那就是参话头了。但是，情绪不稳定或者心念混乱时，不如念佛号、数佛号，也可以念话头数话头，直到心情平静时再问话头参话头。如系念佛人，可参“念佛的是谁”；如系念话头者，可参“念话头的是谁”“本来面目是谁”等。

四、只管打坐、默照禅

只管打坐是全心专注于身体在“坐”，坐的姿势、坐的感觉，心中不作其他的妄想杂念，只晓得是在端坐。若发现妄念时，赶快把念头回到“坐”，慢慢地妄念便愈来愈少，乃至不再出现，身体的感觉也渐渐地消失；但是，心中明明朗朗地知道还在打坐。这时候，开始产生默照的功夫，“默”是心绪不动，“照”是非常清楚；清楚什么？清楚心中没有杂念、没有妄想，时间久了，跟开悟是一样的，妄念从此不起，而只是“默照”和“寂照”了。

练习只管打坐的方法时，要不断地注意自己的姿势，因为是在用功，不是坐着休息。除了知道正在打坐外，不应有其他的念头，不能懈怠放逸，必须勇猛精进。

以上的方法对诸位都非常有用，不要想哪一种方法是最好的，我的建议是：正适合你用的，就是最好的。不可经常改用方法，这样，每一种方法都没用熟，结果每一种方法对你都没有大用。能够一门深入是最好的，如果同一种方法已经用厌，或者怎么用都不舒服，则可以试着换一种方法。不要这炷香念佛，下炷香数息，再下炷香参话头或只管打坐，不可以整天在那里像小孩子玩玩具一样，这个玩厌了再换一个。经常换方法的本身，就是徒劳无功的妄想杂念。

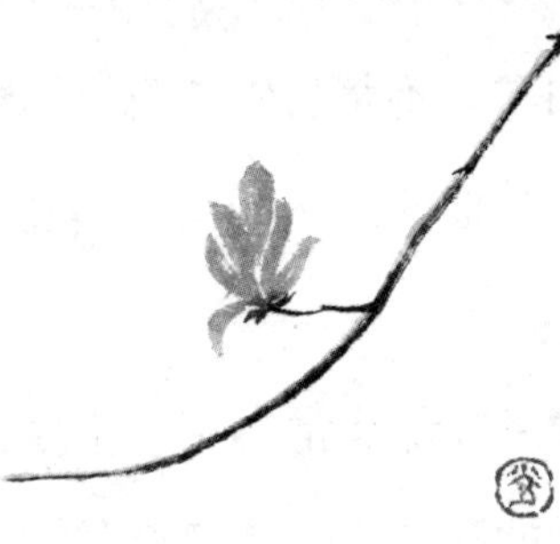

用宁静的心，向内心的深处观照。

念念是新的

生命无常，时间却是延续不断的。我们每天做晚课时，都会唱诵《警策大众偈》：“是日已过，命亦随减”，可见众生的生命，是多么的有限。

这七天中，诸位不去享受旅游度假，而是到这里接受禅修的训练，一定有其道理。旅游度假，是希望能把劳累紧张的身心放松，变更一下生活的环境，呼吸一些户外的新鲜空气。禅七的修行，每一天的经验，也不是停留在同一位置、同一状况；我们的每一秒、每一次呼吸、每一个念头，都是新鲜的，身心都在不断地享受新的变化。若能时时保持新鲜的感觉，你的禅修经验就非常丰富了。

最近一次的禅七中，有一位五十多岁的女菩萨，到第三天时就对我说：“师父，都是用同样的数息法，坐同样的地方，同样的忍受腿痛、背痛，反复都是相同的，实在无聊，我不想再坐下去了！”

因为她是我们农禅寺的一位厨艺相当出色的义工，我便反问她：“你每次在厨房拣菜、切菜、配菜、煮菜，是否做同样的菜呢？不可能，每片菜叶都是新的，每一块豆腐都是新的，每一卷寿司都是新的，做出来的每一道菜也是新的，不可能有一样是旧的，即使是剩菜重煮，也是重新加热过了的。”

她听了后，想想这倒很有意思。对啊！每次做菜时，任何一样东西都是新鲜的，每一刀切下去，每一铲子铲下锅底，每一盘菜端上桌来，都是新的。于是，当她重新入坐用功时，感到很高兴：啊！又是一次新的呼吸，又是一个新的数目，乃至新的腿痛、新的背痛，都是活在新鲜的感觉里。因此，她坐得一炷好香。

请诸位选择最适合你的方法，然后享受新鲜的感觉，不断地告诉你自己：又是一个新的开始，又是一个新的开始……

禅修必有用

禅修的目的是开悟，开悟的功能是为除自己的烦恼、救济众生的苦难。如果有人自以为开悟，或者被认为开悟，而其开悟的功能不彰，即表示假悟，而非真悟。

禅宗讲顿悟，以致被许多人误认为开悟很容易，所有的问题只要一悟都可以解决。事实上，许多人禅修几十年，甚至禅修一辈子，都不能开悟。不开悟并不等于没有用，只是在禅修过程中，能用正确的方法及正确的观念，随时都可减少无奈、烦躁、恐惧、郁闷、不平衡等的苦恼。

开悟的力量有大有小，开悟的程度有深有浅，

用宁静的心，向内心的深处观照。

开悟的境界有圣有凡，开悟的功效有彻有不彻。

我有位学生，参加我主持的禅七已经十多次了，每次都有新的体验。过去不清楚的，现在清楚了，每参加一次禅七，对他自己的问题及修行方法的了解，都更清楚了些。他并没有见性开悟，但他对开悟的信念一次次地加深加强了。

禅悟的修证

“空”、“有”、“即空即有”，是三个观念，也是修行的经验。

执“有”是烦恼，执“空”也是烦恼。有心可用是我执，无心可用也未离我执。

超越于“空”及“有”的两种执着，那就是“即空即有”、“空有不二”的解脱自在；超越于有心无心的两种我执，便是《金刚经》的“应无所住而生其心”的般若智慧。悟见万法自性本来空寂，便是亲见无我无相的真如佛性。

一般的普通人，是以幻有为我；一般的修行人，是以虚空为我。这都不是正确的佛法。有的哲学家及宗教家，把宇宙的原理、万物的主宰、至高无上的唯一神或是泛宇宙的统一神，当成最初最终的大我，也都不是佛法，仍是有我的执着，未得解脱。如何超越空有而实证无我？则靠禅悟；禅悟的修证，有顿有渐；顿悟法门，亦不离渐修；渐修可分悟前与悟后，悟前为加行，悟后为保任，悟前的基本方法是集中散乱的心，随时能指挥自己的心，然后，继续用方法，达到心的统一。统一又细分为三种：

一、身心的统一

这是禅定的基本经验，此时已没有感觉到身心的对立，也不会有身心的负担。

二、内外的统一

这是将内在的身心和外在的环境，合而为一，也就是合身心的小我进入宇宙的大我。体验到了统一的、唯一的、宇宙全体的神我，这时候，有人把它当做是“空”，其实是“有”，有个全体的神、全体的我在那里，已经是神我合一而消失了与任何现象对立的心念。

三、前念与后念的统一

此时已没有前后念头交错、交接的现象。粗浅的心念统一，是一个念头又一个念头地前后交接，例如念佛，一念一念都在连续着同一个佛字，而形成一群统一的念头；细深的心念统一，则是念头唯在一个佛字上，不再转念，定于一点，继续下去。这已是融入时空无限的禅定境界，但是尚有我在，尚未开悟，也未见到佛性。

四、超越空有

这是悟后所见，不执着以上三种层次的经验。远离《圆觉经》所示“作任止灭”的四种禅病。在日常生活中，心不妄动；面对现实环境时，不起妄执；待人接物时，常生慈心；处理事务时，条理分明。我常鼓励大家学着说：“你家有事，他家有事，大家有事，我家没事；无事可做的人，必须帮助有事尚未做完的人。”这就是悟后保任，继续修行的菩萨，也是初发心的菩萨们应当学习的心态。

怎样才能达到第四层次的超越空有呢？以禅的方法来讲，是以话头、公案、默照等的方法，效果比较显著。不过妄想心多、烦恼心重的人，还是先用数息、念佛、拜佛、忏悔等方法，奠定基础为佳。

发菩提心

禅修是为开悟成佛，如何才能开悟成佛？除了具备正知、正见、正确的方法，也要有健全的人格和稳定的心境。

除了坐垫上的功夫，更应借境修心、缘境修行。境界在你面前出现时，还能保持清净心、平等心，不为所动、不受左右，还能修福修慧，才算是功夫。

人格的健全，需要用发菩提心来培养，不为自己求安乐，但愿众生得离苦；自身未度先度人，便是菩萨初发心。禅修者先当舍除自私自利的心，才能放下贪瞋痴慢的心；烦恼心愈薄，菩提心愈重，开悟见性的可能性愈高。

用宁静的心，向内心的深处观照。

菩萨初发菩提心，当以四弘誓愿为起点：愿度一切众生，愿断一切烦恼，愿学一切佛法，愿成无上佛道。以佛法来度众生是慈悲心增上，以佛法来断烦恼，是智慧心增上，悲智双运至福慧圆满，便成无上的正等正觉。佛是人格的完成者，人成即佛成，故成佛之前，先要建立健全的人格。禅修者当借佛的智慧，学习佛的慈悲，以关怀众生来建立自我的立场，再放下自我，才能悟见佛性。

松紧得宜

禅修者精进用功，要松紧得宜，太松成懈怠，太紧成疲累。当身体很累，心很散乱时，不妨闭目养神，暂时不用方法。休息几分钟，乃至一炷香，消除疲惫之后，继续努力。

禅修期中，当体能不继，用不着力时，可把用功当做一种游戏来看。例如儿时玩捉迷藏，要怎么找也找不到躲藏的人，才有意思，很容易被抓到的人，一定不够让你高兴。以这种心态用功，会使你感到修行是轻松愉快的事，怎么会疲累厌倦呢！

禅宗对于不会修行的人，用两句话来形容两种情况:

一是“打桩摇橹”，意思是说，摇橹行船，应在水中，如果是在陆地打个桩、架上橹，即使摇断了气，永远都在原地而没有进步。

二是“冷水泡石头”，意思是说，坐在蒲团上，心中没有事，清净、安静，既无妄念，又不起烦恼，风平浪静，享受清福。其实，这不是在用功，更不算功夫，这种情况的人，一定会喜静而厌闹。

坐在静境中，看来稳如磐石，往往一坐几个小时；一旦到了闹境中，就会被境所动。因此而有“宁搅千江水，不动道人心”的警语。

真正会禅修的人，一定懂得如何从用功之中不断地取得改进的经验，善用方法而不至于“打桩摇橹”。同时，静中的功夫，就是要运用到动中的环境，静中摄心，动中也摄心；静中虽不起妄想，并不是躲在无事壳中不用功；故在静中，并不等于“冷水泡石头”。

细水长流，全力投入

初心禅修者因为不懂如何一面放松身心而一面又努力不懈的要领，所以放松身心时易成妄想懒惰乃至于昏沉瞌睡，精进用功时易成身心紧张乃至于疲累不堪。

真正会禅修功夫的人，随时保持轻松的身心，也经常处于勇猛精进的状况，不缓不急而细水长流。

参话头时，要以倾听自己的无声之声发出的问语去参，但是，身体不要用力，心念不要紧张，否则参不久就会疲累。以致每次用功，疑情未生，疑团未成，便已泄了气。

禅修者应该要时时练习着将身、口、意三结合，同一个时间，同一个地方，身与心，当在做同一样的事。打坐时打坐，吃饭时吃饭，工作时工作，见客时见客，说话时说话，睡觉时睡觉。不要身心分离，魂不守舍，弄得打坐时想着见客，见客时想着打坐。

有些人，认为自己很聪明，能在同一时间，做好多样事情。禅修者不主张如此，而是要我们在做任何一件事，乃至任何一个动作时，都当全身全心全生命地全力投入。

禅修时，对于所用的方法不可以眼根看其形象，当用心眼向内看用功的念头，不可以耳根听其声音，当用心耳向内听无声之声。如果用眼球看形象，就会引起头胀；用耳膜听声音，容易产生耳鸣。例如数息时只用心眼感觉鼻孔的呼吸，不要用眼睛看着鼻孔呼吸，也不要耳朵听着呼吸。

一念万年，心无挂碍

三祖僧璨的《信心铭》讲到“一念万年”，《华严经》及《楞严经》都说十方三世一切诸佛，于一毫端转大法轮。时间的长和短，空间的大和小，均可由于各人自心的体验不同而有差别，如能像《信心铭》所说“得失是非，一时放却”、“一心不生，万法无咎”，便可经验到，虽仅处于一毫的尖端，犹如横遍十方，虽仅止于一念的瞬间，犹如竖穷三际。只要狂心顿歇，念念都是尽虚空遍法界，念念都在与三世诸佛促膝谈心。

诸位听到这里，一定觉得，我讲得太深太玄，这样的境界跟你们没有关系。

其实呀，不要失望，不要自我菲薄，迷时觉得开悟好难，距离好远，悟时却只是弹指间的工夫。诸位在平常生活中，一定有过类似的经验：被忘了的东西，要找它时，遍找不着，不找它时，就在眼前。此所谓“踏破铁鞋无觅处，得来全不费工夫”。曾经有位禅师在打坐时，发觉他的鼻子不见了，此念一起，心里就非常焦急，立刻起座，四处找他的鼻子，并且喃喃自语：“我的鼻子呢？我的鼻子呢？”因为急着找他的鼻子，慌忙中一鼻子撞上了墙壁，于是摸着鼻子大叫：“鼻子好痛，原来它就在这里！”这样一来，当下就开悟了。

只要放下一切攀缘妄想的分别执着心，就是“一心不生”，你就见到未出娘胎前的本来面目，原与十方三世的诸佛无二无别。你可以称它为涅槃妙心、清净法身、真如佛性，其实即是即空即有、非空非有、无漏解脱的大智慧心。

如何能放下心中的万缘？先要摄心收心，如《佛遗教经》所说："是故汝等，当好制心。"又说，"心之可畏，甚于毒蛇恶兽、怨贼。大火越逸，未足喻也。"又说，"纵此心者，丧人善事，制之一处，无事不办。"要将散乱妄想心，摄于一个方法的焦点，乃是凝聚散心的功夫，由凝聚而再放下，便能心无挂碍了。

（选自《禅钥》）

实践指南

在家居士如何学佛

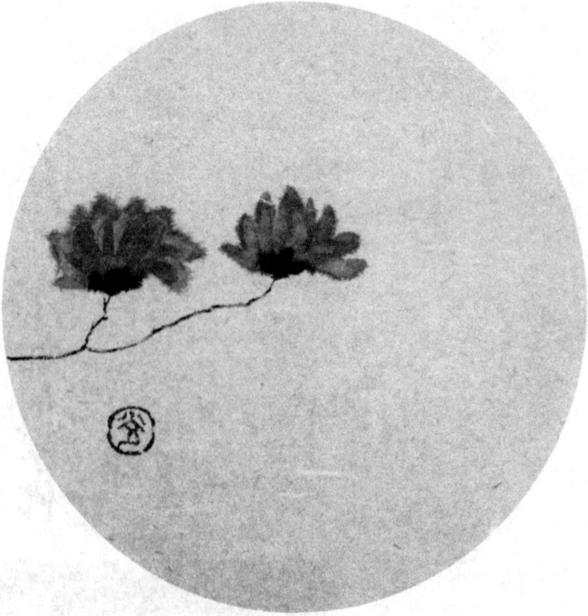

戒的定义是：有所不为，
有所不得不为，它含有训诫、规劝、
警告、指导等意思。

人人可以成佛。

佛学与学佛

很多人都以为佛学很不容易懂，因为专门性的名词太多、经典太多、论书太多、教理思想的派别也太多，初进佛门的人，颇有望洋兴叹而不知何取何舍的困难。即使是专门以研究佛学的学者，也很难找到几位精通全部佛学而了无疑问的人来。因此，“佛学”两字，对于一般人来讲，的确是一门深奥的学问。

其实，释迦牟尼佛宣讲的佛法，是将他亲自体证到的如何成佛的方法，告诉了我们。他的目的是希望一切的人，都能依照他教的方法来修学。他没有希望他的教义，被视为一派哲学的体系，当然不会希望学者们把他所证得的佛法，看做一门学术，放到研究室和图书馆里去，让人家用科学方法去研究它。所以，从佛教的根本之理而论，只有学佛，没有佛学。学佛，是信仰佛教的目的，唯有学佛，始有转凡成圣而至成佛的可能。

佛学，是一门人文科学，它能告诉我们佛教在形态和地域上的演变，以及在思想上的发展，也就是将佛教的教团史和教理史，作各种角度的分析和考察，而视之为佛教的考古学、社会学、文学和哲学，它并不负有劝人信仰和实践的责任。

一般人所说佛教的难懂，应该是指的佛学，而不是学佛。因为，释迦牟尼佛当时向弟子们宣说的佛法，如果是难懂的话，他的教化便不可能普及到各阶层去，即使现在，我们从比较原始的佛经中，仍可体味到，佛陀的教义相当朴实，与一般人的生活行为有密切关系。所以，我敢向诸位肯定地说，学佛很容易懂，大家以为难懂的，是指佛学。

凡一桩事物，历史久了，在它上面堆积的东西，必然愈来愈多，清理这些堆积物，便是一门深奥的学问。假如要想从这些堆积物里，找出最简单、最根本、最平实的方法，来让大家实行，便是学佛的工作，可是，要做这番找的工夫，也非普通的人能够办到。

这就是我们身为法师者的责任，法师们应从难懂的佛学之中，找出易懂的学佛的方法，来告诉广大的群众及佛教徒。

因此，我们要弄清，佛学虽难，学佛却易。佛学的研究，虽非佛陀设教的目的，站在文学的立场，对佛教做学术性的研究，仍是值得鼓励的。不过，对于广大的信众而言，佛经不是让你研究的，而是教你照着去实践的，实践佛的教义，便称为学佛。

学习成佛的方法

佛教，当然不是唯物论的宗教，却是无神论的宗教。不像其他一神论的宗教，虽然也有各种对于道德生活的教训，那是为了求得神的眷顾和救济，信徒们才去遵守那些所谓神的启示，因为他们相信他们所信的经典中记载的神，是宇宙间唯一的、至高的、至大的、至尊的，人们除了接受神的启示，没有别途可以选择。所以，他们是为信仰神有权威，而遵守道德生活的教训，他们无权因为遵守道德生活而求达到与神同等的地位，甚至也无权向神要求，非把他们救济到天国去不可。

这在佛教，颇不相同，佛教以为，我们所处的自然环境，是由我们生活在这环境中的每一个人的业力感得的，也就是说，我们在过去的无数生死之中，造作了相同相类的行为，结果便形成一个让我们共同来接受和生存的自然环境。所以，佛教不承认宇宙间有任何绝对权威的神。

佛教，同样强调信仰的重要，那是信仰佛陀所说的法——成佛的方法，绝对正确，绝对真实。可是在你信仰之后，便该照着佛陀所示的方法，来实行于你的日常生活之中。因此，佛教徒虽将佛陀视为崇拜的对象，与他们的生活有密切关系的，宁可说是佛陀的教法。依照佛陀所示的生活方式来做，渐渐地，便能达到解脱一切身心苦恼的目的。佛陀，是从一切的身心苦恼中得到了解脱的人，也是至高、至大、至尊的超世界和超宇宙的伟大人格，但是，佛陀的伟大，虽充满于时间与空间，却不占固定的时空位置，所以，人人可以成佛。

佛陀在世的时代，随缘开示，应机教化，所说的佛法很多，归纳起来，不出戒、定、慧三个项目的范围，我们学佛，其实就是学这三项。世间可学的东西很多，那些都是苦乐相对的、有限的、得失交替的、变动无常的，所以佛教称其为有漏之学。戒、定、慧名为三无漏学，学这三项东西，可以防止所得成果的漏失，继续学到佛的程度为止。戒、定、慧虽分三个项目，事实上有连锁的关系，如同一物的三个支点，缺一不可。要想求得智慧，须先有禅定的功夫，如希望得到禅定功夫，须先有持戒的宗教生活；持戒的宗教生活愈清净，愈可助成高深的禅定，在深定之中，便能产生超人的智慧；回转头来，再以智慧的判断和选择，来指导持戒的宗教生活，来鉴别禅定功夫的深浅和邪正。

戒

戒的定义是：有所不为，有所不得不为，它含有训诫、规劝、警告、指导等意思。通常的人，仅以为佛教的戒是消极地防止犯罪，事实上，那只是就有所不为的一点而言。这点固然重要，站在大乘佛教的立场，有所不得不为的积极态度，更为重要。损人利己和损人不利己的行为，佛教徒不可有，此为消极的要求；自利利人乃至损己利人的行为，佛教徒不可没有，此为积极的要求。一个初信佛教的人，当做到第一点要求，信佛学佛较久的人，必须从第一点进展到第二点，第一点是止恶，第二点是行善；止恶是自利，行善是利他，有了自利的基础，而不推展利他事业的话，便无从达到成佛的目的。因为，戒的内容，是从“贪”、“瞋”、“痴”的凡夫行为，净化复转变为“喜舍”、“慈悲”、“智慧”的圣者行为。佛教的戒，虽因出家与在家的分别，而有繁简不同的要求，对在家居士而言，共有不杀生、不偷盗、不邪淫、不妄语、不饮酒的五条，称为五戒。此与其他宗教一样，凡是宣誓信仰佛教的人，从开始接受佛教信仰的同时，便也接受了作为佛教徒行为标准的五戒。因为这五戒是戒“贪”、“瞋”、“痴”三种心理行为，借身体四肢及口舌行为所作的具体表现，故其虽为在家戒，实际上也是一切佛戒的基准。佛是人格的究竟完美者，没有完美的人格作基础，便无从成佛，因此，佛教的五戒，也是人类道德生活的共同要求。

1. 不杀生

佛教的戒杀生，虽与素食主义有关联，却并不等于素食主义。佛教鼓励少吃动物的肉乃至不吃动物的肉，是基于戒杀的要求。如果不是我亲手杀的，不是特别为了我想吃肉而教他人杀的，不是他人为了我想吃肉而杀的，便不禁止。而且，佛教的戒杀，固然是为了对一切有生命的，施予爱护的慈悲心，最主要的是不可杀人。假如你不预备将来杀人，希望将来不犯杀人罪，这条杀戒是应当受持的。

2. 不偷盗

除了以正当的谋生方法，取得合法的利润报酬之外，不贪取不义之财，乃是不偷盗的定义。为了警策我们，勿要从贪图小便宜、在金钱方面与他人纠缠不清，而演变成吞没公款、收受贿赂、侵占他人财物等的罪行，这条戒是应该受持的。

3. 不邪淫

除了正式夫妇之间正常的性关系之外，不乱伦、不破坏他人的家庭、不玷污他人的妻女、不妨害社会的风化。总之，把男女的性关系，视为夫妇之间的责任和义务，乃是不邪淫的定义。为了维护家庭的和乐、子女的幸福、社会的安宁、自身的健康，这条戒是必须受持的。

4. 不妄语

此可分为大小两类，通常的说谎、嬉笑，是小妄语。为了名闻利养，自己不是圣者而妄称是圣者，是大妄语，在家居士冒充圣者的不是没有，可能性却很少的。因此，诸位居士也能受持这条戒了。况且，为警惕我们不要变成搬弄是非的人，不要被人看作不可信赖的人和口不择言的人，也应该受持这条戒的。

5. 不饮酒

酒的本身并没有罪恶，饮酒的人也不一定是坏人，甚至世界上有很多宗教，以酒来作为人和神之间的媒介。禁酒乃佛教的特色之一，原因是饮酒能使人的心智浑浊，过量则能使人趋于狂乱如兽或愚痴如泥的状态。佛教是个强调求智慧的宗教，酒性与智慧的原则背道而驰，所以主张禁酒。事实上，也唯有不饮酒的人，能够经常保持头脑的清明。在今日的社会中，多一分清明的头脑，便多一分成功的可能性，既然要求在驾驶交通工具之前不可饮酒，在有重要的会议之前不可饮酒，在重大的决策待考虑之前不可饮酒，又何妨干脆把酒戒掉呢？

与戒、定、慧的三无漏学，对照起来，贪、瞋、痴被称为三毒，由于这三种毒物为害，不易行善，纵然行了善，也不能持久、不会达到纯洁的程度，三毒好像是三个大漏洞，能把善行的功德漏掉，为了补好这个大漏洞，唯一的方法，便是修学三无漏学。最初着手修学之处，便是持五戒，能持五戒，至少能将三毒的毒焰压住，然后再用禅定和智慧的水，来把三毒之火彻底熄灭。五戒是戒除五项恶行，五项恶行与三毒的相互关系，即是身、口、意的相互关系，可用一张图表来说明：

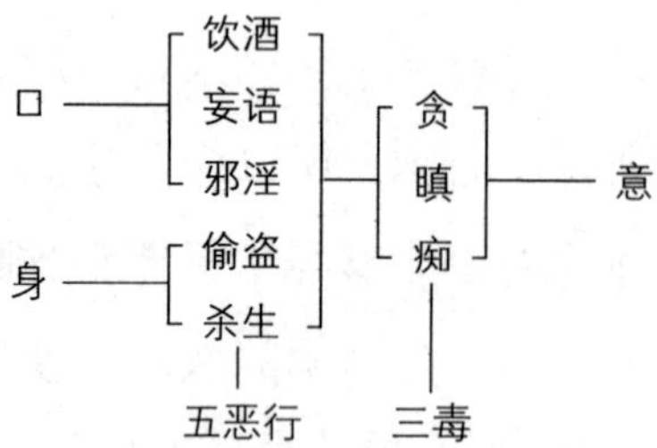

由贪、瞋、痴的三种心理行为，表现为身及口的动作，便成为五种恶行。五戒的功能，是从外表的身及口的动作，加以禁止，使三毒的心理活动，得不到向外表现的机会，同时用禅定的功夫使它平静，又用智慧加以观察、分析，渐渐地使之转变为喜舍、慈悲、智慧的活力。这便是戒的定义：从“有所不为”而做到“有所不得不为”的地步了。

其前后的关系，也可用图表加以说明：

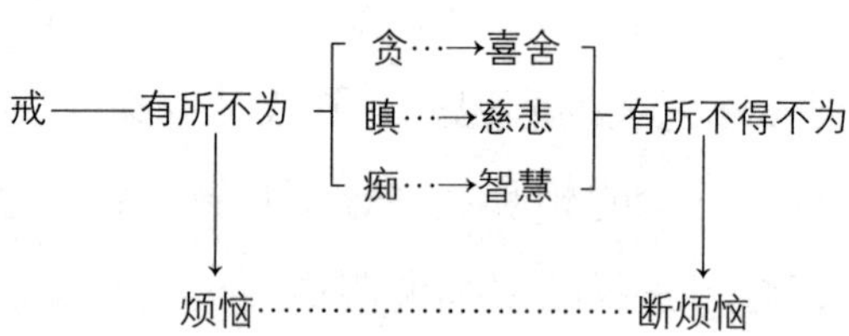

定

贪、瞋、痴的特性，是由心理活动而表现于身及口的动作，再借身及口的动作，发泄于人、事、物等的对象。戒的功能，是约束身及口的动作，定的功能，是将向外散漫的种种心理活动，拉回到内心，并且使之安静而至于物我合一，乃至物我双亡的心理状态。但是，定的功夫，应该从日常生活中做起。因此，定的修学，可分为九个要点和两重层次来加以说明。

第一重层次

在平常生活中用功

1. 坚固的信念

无论做任何事，无信则不立，当对自己的立场和能力了解之后，也会明白何者能做与何者不能做了。不能做的事，不要动妄念；能做的事，应该建立自信心，勇往直前地做去。同时要考虑到那件事的本身，是否值得去做，是否有去做的必要，也当听听他人的忠告。如果对那件事的了解已够深切，那么，对于那件事的一定要完成、一定可以完成，建立信心。有自信和信他的信念之后，便可冲破一切难关，百折不挠地来进行你的事业了。诚之所至，金石为开，坚固的信念，可产生无比的力量。

2. 冷静的思考

凡在从事一项工作或任务之前，应当多作准备，《中庸》所说："豫则立，不豫则废。"通常说，好的开始，是成功的一半，要想开始得顺利，必须多作事先的准备。在准备阶段，就应该考虑到实行的步骤，和可能发生的情况。到了进行工作的过程中，则要随时审察、检点缺陷、纠正错误。好的情况要设法使之更好，坏的情况要设法使之改善。这种判别力和决断力，均系来自冷静的思考。

3. 安详的言行

一个人如果希望被人视为有品德的、可让人尊敬和信赖的人，他就必须谨慎他的言论和行动，一个轻言狂语和轻举妄动的人，他是得不到好评的，当然也不可能促成伟大的事业、博取崇高的社会地位。

4. 专注的精神

不论做任何事，如果精神不专注，纵然做成了，也不会是杰出的。中国有一句谚语："三百六十行，行行出状元。"意思是说：工作和职业是没有高低贵贱之分的，如果你能在你从事的那一份工作或职业上，全心全力，将整个的身心投注进去，便可能使你成为你这一门行业中的佼佼者。

第二重层次

坐禅的原则和要诀

1. 坚信修行的方法

在你实际进行坐禅之前，对于你所学到的方法，一定要有绝对的信心。你要相信佛陀不会骗我们上当，也要相信指导你坐禅的老师，是从亲身的经验中过来的识途老马，你是一匹小马，跟着老马走，绝对不会有问题。当然，谁是值得被你信赖的老师，是重要的，如果你对他的信心不够，对他指导你的方法半信半疑，你就不要跟他学，否则那将对你有害无益。

2. 思考修行的情形

修行禅定，不能没有检点和考察的功夫。要留心每次坐禅时，发生在生理和心理上的现象，有的使你觉得轻暖舒畅，有的使你疼痛难受，有的使你欢喜，有的使你恐惧，这些很可能发生在一个初学坐禅者身上的情况，如果你自己能够明白其原因，是最好，否则，你当随时请教你的老师，他会帮助你，使你安下心来继续修行的。

3. 调身

定的工夫的表现，是在身、口、意的三方面，也可以称为身定、口定、心定。要达到这三定的目的，便得从调理它们着手。调身，是使身体完成一种适合于坐禅要求的正确姿势。

4. 调息

坐禅时的呼吸，要细、要长、要均匀。

5. 调心

把向外冲击、浮动和散乱的心念，收摄起来，最初的方法，是以念头看住念头，最后做到被看的念头不起了，能看的念头也不见了，清清楚楚有一切外在事物的存在，内心却是寂寂静静地不波不动，好像镜子的镜面虽映现出镜外的各种或动或静的景物，镜面的本身是静寂不动的。但是，这样的功夫，说来容易，得来却颇不容易。

一般的人，从第二层次的坐禅功夫，可以得到第一层次的四点功力。不从第二层次中下工夫，第一层次的功力便强不起来。我虽把它们分作两个层次来说明，其实是一体的两面。同时，我也常向跟我学禅的人强调，静坐有三样好处：一是能使身心健康，二是能使头脑清明，三是能使人开悟。入定与开悟，当然不是容易的事，至少它能强健你的体魄，坚实你的心力，助成你所努力的事业。

现在将我为美国佛教会周日坐禅会所拟的“坐禅须知”抄录如下，以供有心学习静坐的读者参考。

坐禅须知

一、坐禅的准备

1. 坐垫

四方形、宽大松软及圆形、厚约四寸的坐垫各一个。

2. 场所

整洁、寂静、肃穆庄严的室内。

3. 时间

精神饱满之每晨，起床漱洗之后最佳。每日定时进行，每次二十分钟乃至四五十分钟。

在饱食、暴饮、性行为、激烈运动之后，以及疲倦欲睡、正午中夜之时，不宜坐禅。

4. 饮食

每餐以八分饱为佳，食后暂作三十分钟休憩，开始坐禅。

二、坐禅的方法

1. 调身法

（1）坐法

（a）结跏趺坐

（i）吉祥坐

右足架于左腿上再以左足架于右腿上。

（ii）金刚坐

左足架于右腿上再以右足架于左腿上。

（b）半跏趺坐

右足置于左腿下，左足架于右腿上。

（c）交脚坐

左右二脚随意交叉平放。

（d）椅子坐

端正坐于椅上，两足自然垂直。

（e）日本坐

两膝长跪、两足向后伸直足尖相叠，腰干伸直，坐于两足跟上。

（2）手式

二掌向上左掌置于右掌上，二拇指轻轻相接，中间成圆形。

（3）身姿

左右摇动数次，以确定坐姿的平稳，背脊骨伸直，颚向内收。

（4）视线

（a）闭目——精神饱满时。

（b）注视正前方一公尺处或墙壁之一点——略感昏沉时。

（c）闭目及注视交替使用。

2. 调息法

坐下后作数次深呼吸，最后一次吸入丹田（下腹部），便恢复平常呼吸。

3. 调心法

数息观，调息后即由一数至十，反复地默数呼吸。

（1）出息观

（2）入息观

慧

慧是包括知识范围的“认识心”和“检择力”，知识不能涵盖慧的内容，从知识可以升华到慧的领域。佛教不是知识的宗教，却是使知识升华为智慧的宗教，那是因为除了肯定世间的知识之外，更着重在超知识的“悟”的经验下而获得智慧，智慧便是由悟而得的超知识的“认识心”和“检择力”。不过，慧的获得虽在于悟，慧的寻求，仍不能离开知识，它有“闻”、“思”、“修”的三个连环性的步骤：

一、闻慧——虚心学习

佛教徒修行成佛的方法，称为学佛，在烦恼没有断尽以前的人，称为住于“学地”的“学人”，并且每天应该记诵四句话：“众生无边誓愿度，烦恼无尽誓愿断，法门无量誓愿学，佛道无上誓愿成。”也就是说，如果你有成佛的愿望，你当断尽一切的烦恼，救度无数的众生。如何断烦恼？怎样度众生？那就非得学习种种方法不可了。因此，对于佛教徒而言，有一天不成佛，就得有一天学习，假如最初你是一个没有学习兴趣的人，当你对佛教产生信心之后，你便不会不学了。

闻慧的学习方式，是用耳朵和眼睛等的官能。听人开示佛法，讲解经论，是用耳朵；自己阅读佛教的经论，看佛教道场的庄严神圣和僧尼的威仪齐整，是用眼睛。凡此种种，只要能够使你的身心得到若干乃至少许益处的，均称为闻慧。进一层，悟性高的人，或者修学佛法有了相当功夫的人，他们可以从与自然界各种现象的接触之中学习到佛法，也能从人与人的平常应对接谈之间学习到佛法，尤其在中国禅宗的记载，这种例子特别多。因此佛法不一定在佛经之中，世间的一切事物、一切现象，才是真实的佛法。不过，人们最初理解佛法，需要通过佛经的说明而已。

二、思慧——缜密研究

对于已经听到和看到的东西，应该下一番研究的工夫，来消化它们，将你从各方面学得的东西，当做没有经过处理的原料，然后，依照你的理解程度，分类研判，把你觉得适合你程度及当前用得到的接受下来。被你怀疑的东西，你尚无法理解的东西，或者觉得无关紧要的东西，便把它们搁置一边，作为参考，当你的程度升高到某一阶段之时，现在以为没有用，不合理的东西，也正是那个阶段觉得最有用、最合理的东西。因此，佛教徒的学习态度是精密而且客观的。

三、修慧——实际体验

学以致用，把学到的东西，在日常生活中运用出来。慧的表现，是全部身心的实际体验，它与知识的最大不同，知识可以贩卖，可以现买、现卖，一般的知识分子，可以把学到的知识传授给学生，慧则不同，慧是身心内在的体验，无法用语言文字表达清楚，所谓“如人饮水，冷暖自知”，可以传授如何获得慧的方法，慧的本身乃是无法传授的。又所谓“大智若愚”，正因为慧不是知识，无从说明，所以有大智慧的人，很可能是不善于辩论的人，但他必定是有完美人格的人。如果要认识“慧”是什么形态，也许可以从考察一个有道之士的实际生活中，得到若干印象。

修慧，修什么呢？修习如何获得慧的方法。关于这一点，我已告诉了诸位：从闻、思所得的慧，指导我们持“戒”和习“定”，便是修慧的具体内容，再由持戒和习定，产生更强的慧力，如此循环不已，最后，便是最高、至尊、无上人格的完成——佛陀。

（选自《佛教入门》）